オールカラー

これ1冊で
OK!

社会人のための
基本の
ビジネスマナー

浅井真紀子 監修

ナツメ社

ビジネスマナーは、相手の信頼を得るためのツール

翌朝
おはようございます
おはよう
部長 Y山
どうだい新入社員は
マジメでイイ感じですよ
S沢さんと部長だ
お話中だからあいさつしにくい・・
でも、あいさつは向こうからしてくれるかな
今までそうだった
親
先生
おはよう
お話終わったみたいだけど、早くあいさつしてくれないかなぁ・・
………
気まずー〜
上司の心の声
あいさつは、ビジネスマナーの基本なのに、今年の新人は大丈夫かなぁ・・

仕事時
どうしよう エクセルの○○が わからない
こんなことを聞いて先輩の仕事のじゃまをしちゃ悪いし・・。とりあえず検索しよっ
K田さん どう・・
仕事中に堂々とネット見てる!!
あ、ちょっと芸能ニュースも見ちゃおう〜
K田さん仕事中にネットはちょっと・・
あ、すみません ○○のやり方を・・
仕事でわからないことは、まずは聞いてね
一方 T橋
頼まれた仕事は終わったけど
S沢さん忙しそうだし待っていよう
T橋さんは・・

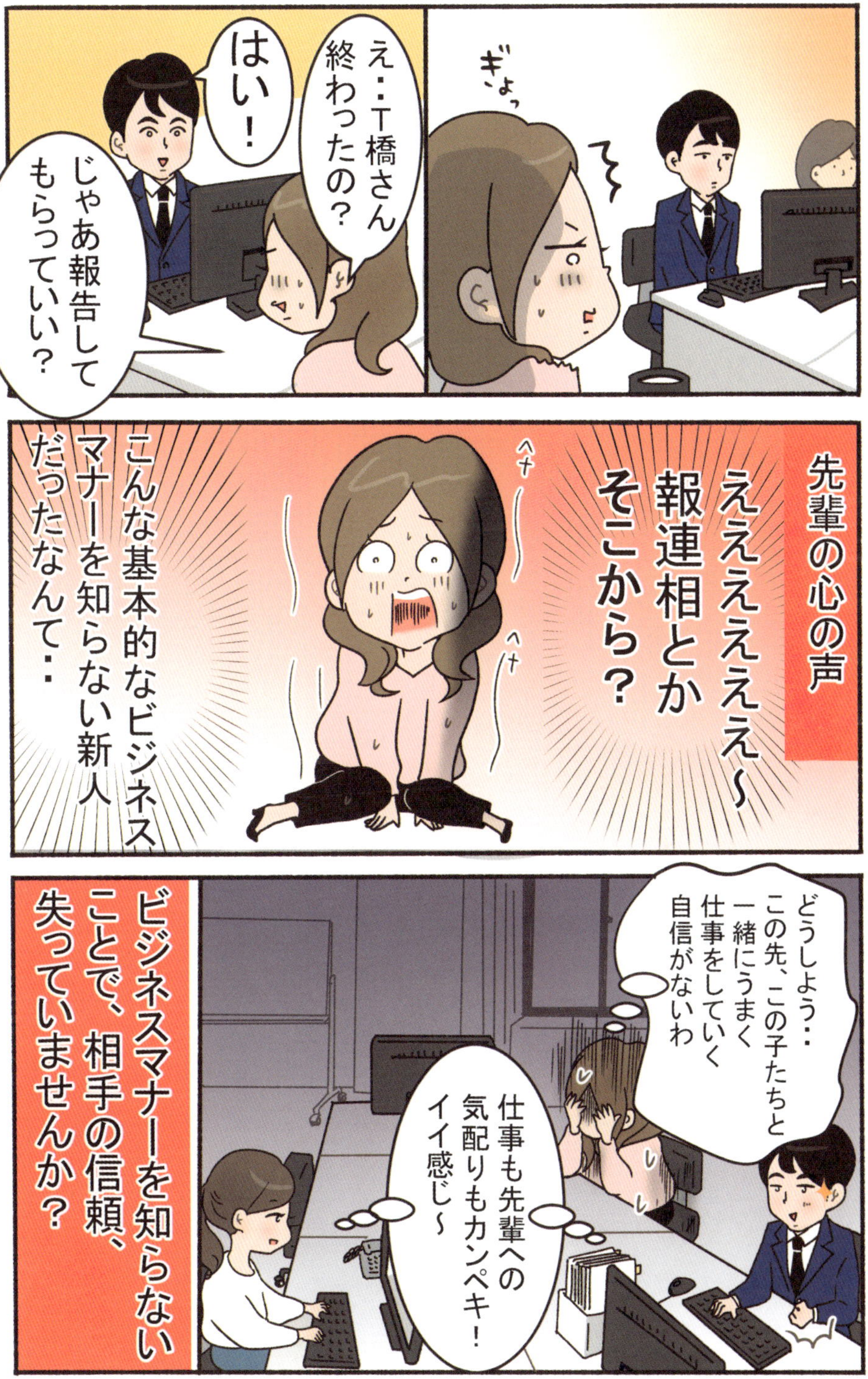
ぎょっ
え‥T橋さん終わったの？
はい！
じゃあ報告してもらっていい？
先輩の心の声
えええええ～
報連相とかそこから？
ヘナ
ヘナ
こんな基本的なビジネスマナーを知らない新人だったなんて‥
どうしよう‥この先、この子たちと一緒にうまく仕事をしていく自信がないわ
仕事も先輩への気配りもカンペキ！イイ感じ～
ビジネスマナーを知らないことで、相手の信頼、失っていませんか？

ビジネスマナーを身につけて デキる社会人になろう！

社会人になると、さまざまな年齢層、価値観の人と仕事をすることになります。その中で、気持ちよく仕事を進めていくために必要なツールが、ビジネスマナーです。根底にあるのは、相手を尊重し、思いやる心。そう考えれば、むずかしいことなどありません。

ビジネスマナーを身につければ、周囲から「配慮のある人」と、信頼を得ることができます。

本書で、ビジネスマナーの基本を学び、ぜひ社会の中で活用してください。

あなたのマナーチェック　これは正しい？それとも間違っている？

- □ 朝、就業時間より早く出社する必要はない。……▶ 答えはP19
- □ 遅刻の連絡は、メールが効率的だと思う。……▶ 答えはP48
- □ 上司に負担をかけないよう、自分で判断して仕事を進める。……▶ 答えはP54
- □ 上司や先輩に対しては、いつでも尊敬語を使わなくてはいけない。……▶ 答えはP78
- □ 電話は、直接相手のスマホにかけたほうが確実だ。……▶ 答えはP110
- □ タクシーでは、上司より先に後部座席に乗り込み行き先を言う。……▶ 答えはP139
- □ 名刺を忘れたときは、素直に忘れたと言う。……▶ 答えはP148
- □ 初対面の人には、プライベートなことを聞くと距離が縮まる。……▶ 答えはP150
- □ 社内イベントや飲み会には無理に参加する必要はない。……▶ 答えはP172
- □ 葬式に持参するのは「御仏前」の不祝儀袋だ。……▶ 答えはP202

Contents

基本1 社会人に必要な意識とイメージ管理

基本2 会社での働き方と仕事の基本

Contents

基本5 来客応対&訪問のマナー

Contents

基本 6 人づき合いのマナー

Contents

基本 1

社会人に
必要な意識と
イメージ管理

社会の中で働くということは何か、
信頼を得るには何が大切なのか、
ビジネスマナーや第一印象の重要性から
学んでいきましょう。

こんな出社していませんか？

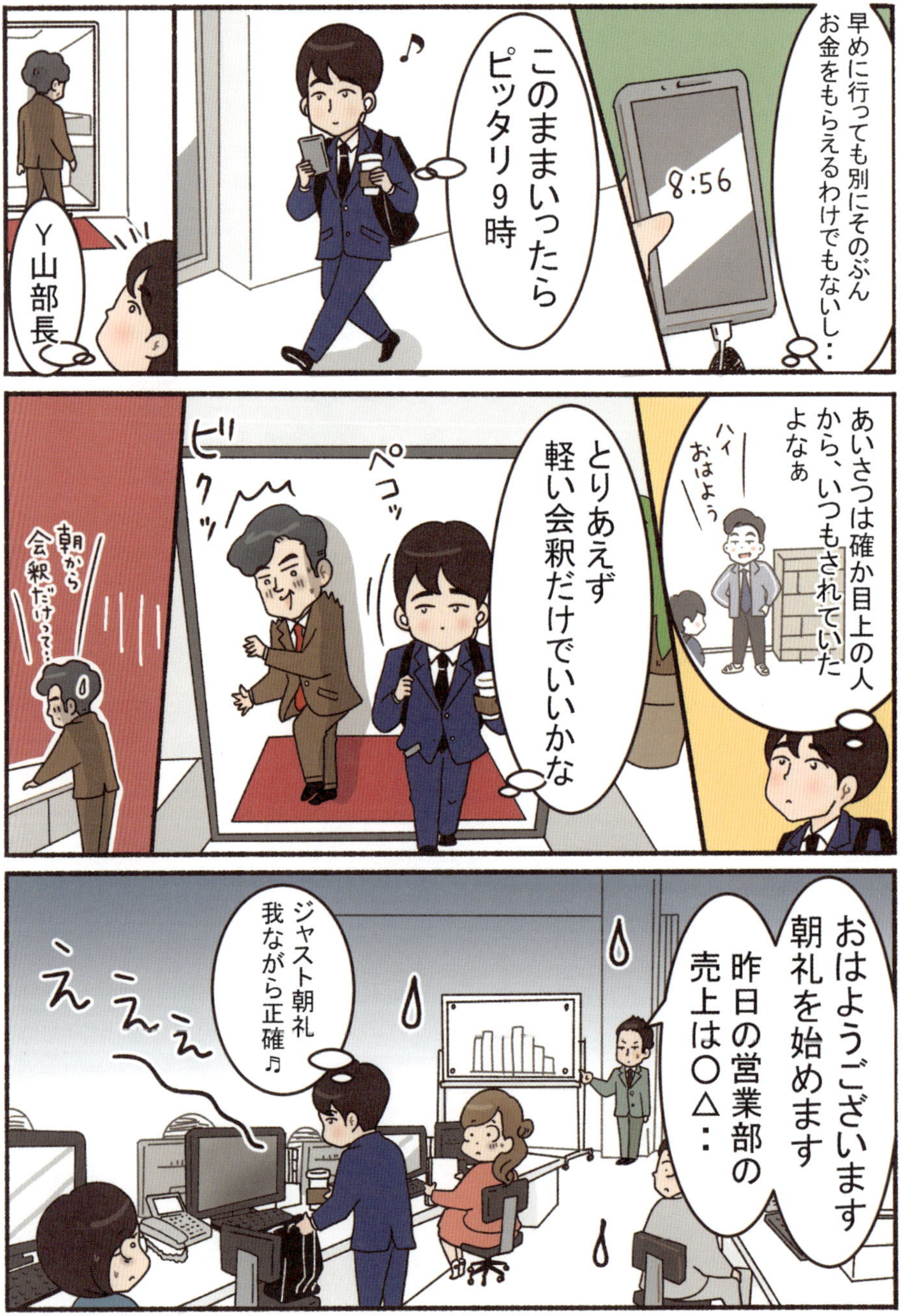

T橋さん、この間の この書類だけど・・
あ、ちょっと待ってもらっていいですか？
今パソコン起動するんで
ええええええ
うわ～こんなんで仕事頼んで大丈夫なのかな～・・
～♪
その前にトイレ行ってきていいですか
君ペースで周りは存在してんじゃないんだから!!
と、心で叫びながら絞り出た言葉は
そうだね一回出直してくるといいよ
（最初からやり直せ）
はい！
トイレちゃんと行ってきてねってことかな？

社会人として働くということ

POINT

働くということは社会人としての自覚をもち、社会の利益になるような働きを、さまざまな人と協力して行うこと。そのために必要なのが、ビジネスマナーです。

✕ Bad いい加減な態度で仕事をする

- 自分勝手な行動をする。
- 誰にも相談せずに仕事を進める。
- 会社のルールを守らない。
- 周囲とコミュニケーションをとらない。

○ Good 責任をもって仕事に取り組む

◆社会人としての自覚を

自分勝手な言動は、仕事はもちろん周囲の人にも迷惑をかけます。社会人として責任ある行動をし、仕事に取り組みましょう。

◆コミュニケーションを大切に

仕事は、誰とも関わらずに行うことはできません。周囲とコミュニケーションをとりながら、仕事をスムーズに進めることが大切です。

仕事を円滑に進めるためにビジネスマナーは必要

　仕事は、一人で成り立つものではなく、さまざまな人と連携をとりながら進めていくものです。新入社員にとっては、つまらないと思うような目の前の仕事も、組織の利益を上げる目標達成のために不可欠なものです。**人が関わる仕事では、人間関係が良好でなければ、何事もスムーズに進みません。**

　そこで、社会人として身につけておきたいのが、ビジネスマナーです。相手を思いやり、不快な思いをさせないことで、良好な人間関係を築くことができ、それが信頼へとつながって、仕事をスムーズかつ効率的に進めることができるのです。

好循環を生むビジネスマナー

仕事は、人とのつながりで成り立っています。ビジネスマナーを身につけることで、コミュニケーションや仕事もスムーズに運びます。

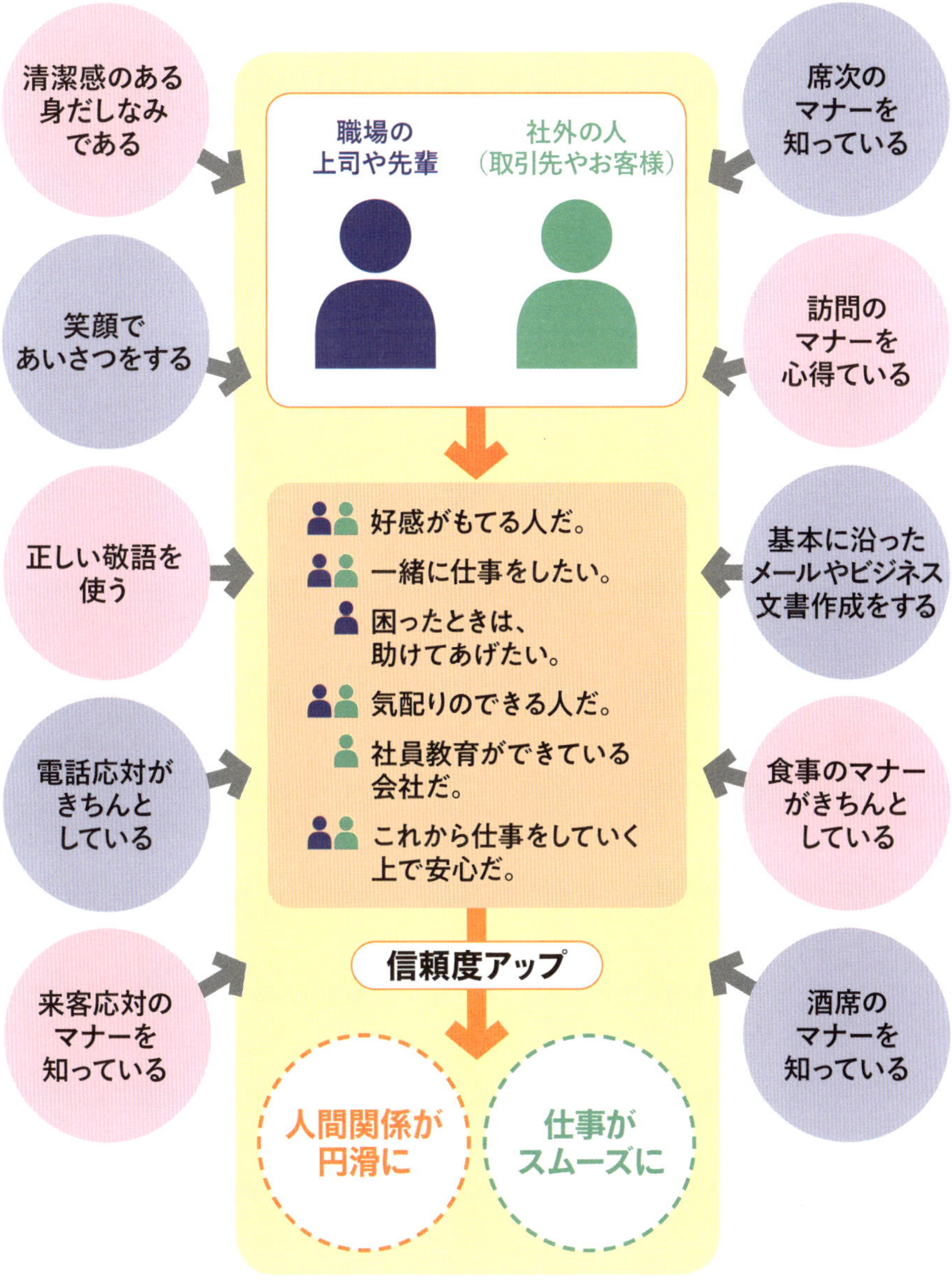

仕事をする上でのルールとマナー

POINT

ルールやマナーに反した行動は、周囲に迷惑をかけたり、不快な思いをさせたりします。気持ちよく働く上でもルールを守り、思いやりのマナーを忘れずに。

✕ Bad 時間が守れない

- 無断欠勤をする。
- 会社で必要な届け出を出さない。
- 会社の機密情報を漏らす。

○ Good 遅くとも10分前には出社し、始業時間に業務をスタート

◆就業規則を守る

遅刻や無断欠勤は、就業規則に反するものです。社会人として、ルールは必ず守りましょう。

◆マナーを大切に

周囲に不快な思いをさせないためにも、社会人に必要な礼儀作法を身につけましょう。

気持ちよく働くために必要なルールとマナー

勝手な行動をとる人や、無礼なふるまいをする人がいると、チームワークは乱れ、仕事もスムーズに進みません。そのため、例えば会社には就業規則が存在します。これは、全員が気持ちよく働くために、必ず守らなければならないものです。自分が属する組織のルールは、よく理解しておきましょう。

また、さまざまな年齢層や考えの人と仕事を進めていくには、ルールだけでなく、相手を思いやる言動、つまりマナーも必要です。**仕事をする上で、ルールとマナー、どちらが欠けてもいけないことを理解して仕事をしましょう。**

ルールとマナーの違い

ルール
- 法律
- 会社の就業規則

▶ 守らないと **罰則あり**

マナー
- 礼儀作法

▶ 守らなくても **罰則なし**

ケース.1

始業時間の9時ジャストに会社へ着く、またはデスクに座る

ルール 遅刻ではありません。

マナー NGです。

職場の人たちと気持ちよく働き、仕事をスムーズに進めるためにも、遅くとも10分前には席に着きましょう。

始業時間とは、その時間に業務をスタートする時間のことです。

電車の発車時間が、始業時間と考えるとわかりやすいかもしれません。例えば、9時発車の電車に乗るには、駅に9時に着いても階段を上ってホームに行くまでに電車は発車してしまいます。仕事も同じ。9時にスタートするには、10分ほど前には出社し、身だしなみを整えたり、パソコンを立ち上げたり、今日の予定を確認したりと、準備する必要があります。

★フレックスなど、さまざまな働き方があり、始業時間が全員同じでない場合も、始業時間は発車時間という意識をもって臨みましょう。

ケース.2

来客を下座に案内する

ルール 規則にはありません。

マナー NGです。

相手に不快な思いをさせず、気持ちのよい関係性を築くためにも、席次のマナーを知っておきましょう。

来客は、入口から遠い上座に案内するのがマナー。これを知らず、間違えて案内したからといっても、罰則はありません。

しかし、案内されたお客様によっては、「下座に案内をするなんて、マナー知らずの人だ」「見下された感じがして、不快だ」と感じることもあるでしょう。口にしなくても、こうした扱いをされたことにより、「社員教育がなってない会社とは、仕事をしたくない」「無礼な会社だ」と思われてしまうかもしれません。

席次に限らず、マナーを知らないと相手を不快にさせるばかりか、会社のイメージダウンにもつながります。

★席次のマナーは、P.138 参照。

ビジネスマナー
(仕事の上で必要なルールとマナー)が重要

コンプライアンスを理解する

POINT

社員一人の不祥事で、会社の信用は簡単に落ちてしまいます。**会社の規則を理解し、それを守ることが**、結果として自分を守ることにつながります。

✕ Bad　メールの送信先を間違える

- 無関係な添付ファイルを送る。
- 会社の人事を発表前に、「内緒に」と言って話す。
- 上司や同僚の携帯電話番号やアカウントを勝手に教える。
- 世間話の中で、自社の機密情報を話してしまう。
- 重要書類をそのままゴミ箱に捨てる。

あっ、間違えちゃった！
相手にはメールで
謝ればいいか。

○ Good　誤送信したら、すぐ送信先に連絡して抹消を頼む

大変申し訳ございませんが、
先ほどお送りしたメールは、
開かずに破棄をお願いいたします。

◆自社のことをむやみに他人に話さない

社外の人に自社の人事、仕事内容を話すのは禁物。社外の人と話すときは、コンプライアンスを意識して。

◆個人情報を簡単に伝えない

人の携帯番号やメールアドレスを簡単に教えるのは、コンプライアンス違反。前もって教えてよいか、確認を。

会社の対策に従って大切な情報を守る

コンプライアンスとは、企業が法律や規則を守って経営を行うこと。

例えば、社員やお客様の個人情報、発表前の新商品、取引先との契約条件、企業の人事情報などを外部に教えることは情報漏えいにあたり、コンプライアンスに反します。「この程度の情報なら大丈夫だろう」と安易に取り扱った結果、仕事の案件がなくなったり、トラブルに巻き込まれたりする事例は、数多くあります。身近な業務を軽く見ていると、取り返しがつかない事態を招きます。

新入社員のうちは、まず職場で指示された施策をしっかり守ることを肝に銘じましょう。

情報漏えいを防ぐポイント

会社が指定する情報漏えい防止策を知り、それをしっかり守りましょう。

メールを送るとき

●送信先の間違いに注意

情報漏えいするケースには、メールの送信先間違いや添付間違いなど、うっかりミスが多いといわれています。メール送信時は、必ず送信先や添付書類を2度以上チェックするようにしましょう。

●パスワードを設定

重要な書類や情報をメールで送るときは、ロックをかけて開封パスワードを設定。別メールでパスワードを知らせます。セキュリティ性の高いストレージサービスも有効です。

社内で気をつけること

●離席するとき

席を離れるときは、デスクの上の書類を裏返しにします。パソコン画面はスリープ状態やスクリーンセーバーにして、見えないようにしましょう。

●機密書類の取り扱いに注意

「社外秘」などの重要書類は、無造作にデスクに置かないこと。また、コピーをする際も置き忘れに十分注意を。

●書類は確実に抹消

数字や人名などが入った書類を処分するときは、シュレッダーにかけるか、業者に溶解処理を依頼するなど、データは複製したものも含めて、確実に抹消します。

●追跡可能サービスを利用

重要情報を含む物品を送る場合は、宅配便・バイク便・書留など、追跡可能なサービスを利用します。

外出先で気をつけること

●USBや資料を持ち出さない

社内で使用しているパソコン、USBは、原則として社外へ持ち出さないこと。社外会議で必要な場合や残務処理を自宅で行う場合など、特別なケースは上司の許可を得るようにします。

●置き忘れしない

社外での資料の紛失もよくあるミスです。社外に持ち出した資料は、電車の網棚の上に置かないこと。タクシーに乗ったときは、左側にバッグを置くと、降りるときに気づくので、バッグの置き忘れを防げます。

●内部情報は話さない

駅のホーム、エレベーターの中、飲食店の中などで話をするとき、内部情報に関する内容は避けます。友人にたずねられても、当たり障りのない内容ですませましょう。

第一印象のよさは信頼につながる

Bad あいさつがきちんとできない

- 服装がだらしない。
- 表情が暗い。
- 目が合わない。
- 横柄《おうへい》な態度。
- 敬語を使わない。
- ボソボソと話す。

どうも、山川です。
よろしくです。

Good 笑顔で明るく、敬語であいさつをする

○○社の山川と申します。
どうぞよろしく
お願いいたします。

◆清潔感のある身だしなみ

服装、ヘアスタイル、メイクは、清潔感、相手への配慮があることが大切です。

◆笑顔で接する

笑顔を向けられてイヤな気持ちになる人はいません。明るい表情と笑顔を心がけましょう。

敬語を正しく使い、明るくハキハキとしたあいさつをしましょう。

POINT

ビジネスでは、第一印象で信頼できるか否かが判断されます。その後の仕事の成否にも影響するので、第一印象で好感をもってもらうことが重要です。

第一印象がよいと仕事がスムーズに

学生のときは初対面の印象が悪くても、会ううちに人柄がわかって友人になることもあるでしょう。しかし、ビジネスにおいては、一度きりの顔合わせで仕事をすることが少なくありません。そのため、**第一印象の善し悪しが、その後の人間関係や仕事に影響します。**

初対面で、その人が信頼できる人かどうかを判断するときの**ポイントとなるのは、身だしなみ、表情、話し方などの見た目です。**第一印象がよければ、良好なコミュニケーションができ、仕事もスムーズに進みます。見た目には、十分気を配ることが大切です。

第一印象アップ術

**次の3つの要素が一致して、はじめて相手は好印象をもちます。
どの要素が欠けてもいけません。**

1 視覚情報 (P.24～P.33)

●身だしなみ　●表情　●服装
●姿勢　●態度　など

これでup

◆清潔感のある服装、ヘアスタイル、メイクに
◆笑顔
◆背すじを伸ばす
◆控えめな態度

2 聴覚情報 (P.34～P.39)

●あいさつの声のトーン　●話し方
●声のトーン（大きさ、高さ）、話すスピード

これでup

◆相手の目を見て、きちんとあいさつをする
◆敬語を正しく使う
◆ゆっくり、わかりやすい発音でおだやかに話す

3 言語情報（言語内容）

●言語　●言葉づかい　●構成
●話の内容　など

これでup

◆話の内容を整理して、相手にわかりやすく話す

第一印象を決定づけるのは？

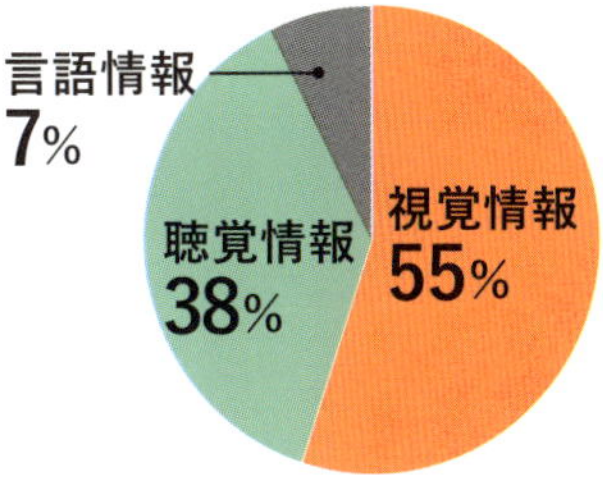

アメリカの心理学者のアルバート・メラビアンの研究によるもの。第一印象の半分以上が視覚情報で決まりますが、話す内容が、視覚情報などと矛盾すると、印象が変わってしまうことも。

初対面でついてしまった悪い印象は、簡単に払拭することはできません。「第一印象が勝負」と心得て、人前に出る際には、気を配るようにしましょう。

ビジネスでの服装

POINT

社会人として求められるのは、おしゃれよりも身だしなみ。周囲に好感をもってもらえる服装を心がけることは、仕事をする上で自分にもプラスとなります。

✕ Bad シミやシワが目立つ服

- くたびれた、よれよれの服。
- シャツが出ているなど、だらしない着こなし。
- 派手な色やデザインの服。
- 肌の露出が多いなど、カジュアル過ぎる服装。

○ Good 清潔感のある服装

◆仕事にふさわしい服装

職場の服装は、業種や職種によって違います。会社でルールがあるなら、それに則った服装に。周囲の人の服装を参考にし、わからないときは先輩に聞いてみましょう。

◆TPOをわきまえる

仕事相手、仕事内容などによって、洋服選びをします。
取引先への商談や打ち合わせは、男女ともスーツが基本です。

服装に気を配り身だしなみを整える

学生なら、どんな服装でもその人の個性として受けとめられますが、**社会人になると、服装から信頼度や会社のイメージが推し量られます。**

例えば、シワが目立つ服は、相手にだらしない印象を与えます。「一緒に仕事をするのが不安」「こんな人がいる会社は大丈夫か」と思われかねません。服装のことで、仕事をする前からマイナスイメージをもたれるのは、もったいないことです。

ビジネスにおいて第一印象は、その後の仕事を左右する重要なもの。**相手に不快感を与えない「きちんと感」のある服装、身だしなみを心がけましょう。**

男性のビジネスファッション

相手の信頼を得る、きちんとした服装としては、スーツスタイルが基本です。
体に合ったサイズを選び、姿勢よく着こなしましょう。

色・柄

- 濃紺、チャコールグレー、黒が望ましい。
- 無地が無難。

ジャケット

- シングルの2つボタンか3つボタン。

NG

・体のサイズに合っていない。
・ボタンがとれている、ほころびがある。

> ジャケットの一番下のボタンは座ってもシワにならないよう留めないこと。

ズボン

- くるぶしが隠れる程度の長さ。

NG

・きちんとプレスされていない。
・丈が短い、または長い。

> スーツは、できれば夏と冬で各3着ぐらい持つと、着回しがきいてくたびれません。

靴

- 黒か茶の革靴。
- ひもで結ぶオックスフォードシューズが無難。
- きれいに磨き、毎日同じものを履かない。

NG ・先がとがった靴。 ・汚れた靴やはげた靴。

ワイシャツ

- 白がベスト(シャツから透けて見えない下着を着る)。
- 袖丈は、ジャケットの袖口からワイシャツの袖口が1cmほど出ているのがよい。

ネクタイ

- 無地、細いストライプ、小さなドット柄が無難。
- 色は、紺やグレー、ダークレッドなど。
- 結び目はワイシャツの第一ボタン上にくるようにする。

NG

・派手な色、デザイン。
・キャラクター柄。

ベルト

- 黒か茶の皮ベルト。

NG

・白や赤など派手な色。
・綿素材などのカジュアルなもの。

靴下

- 黒、グレー、紺などのダークカラー。毎日履き替えてこまめに洗濯する。

NG

・スニーカーソックスやスポーツソックス。

女性のビジネスファッション

女性のビジネスでの正装は、ジャケットとスカートのスーツです。
パンツスーツは、セミフォーマルな印象になります。

色・柄

●濃紺、黒、グレー、ベージュなど。

スカート

●シンプルですっきりしたデザイン。
●長さは膝丈程度に。

パンツの場合もシンプルなデザインがベスト。ストレッチ素材など、動きやすいものを選ぶと疲れにくいでしょう。

NG

・ミニスカート
・スリットの深いスカート

ストッキング

●色は、ナチュラルベージュが無難。
●冬はタイツでもOK。色はボトムスに合わせて。

伝線していないかをチェック。ロッカーに予備のストッキングを入れておくとよいでしょう。

NG

・素足（ストッキングを履かない）。
・派手な色、柄、ラメが入ったもの。

ジャケット

●無地だと着回しがきいて◎

インナー

●無地のシャツやブラウス、カットソー。
●白やオフホワイトが無難。
●シンプルなデザイン。

NG

・レースやビジュー、フリルなどの装飾が目立つもの。
・胸元が大きく開いたカットソー。
・派手な色やプリントレース柄のブラウス。

靴

●足が疲れにくいローヒールのパンプス（3～5㎝）がおすすめ。
●黒や茶。

サンダルやブーツなどは、好ましくありません。ただし、会社でパンプスに履き替えればOK。

！ 体のサイズに合った服を選びましょう。

オフィスカジュアルファッション

自由なドレスコードの職場でも、一緒に仕事をする人たちを不快にさせない、会社の雰囲気に合った、清潔感のある服装を心がけましょう。

オフィスカジュアル例

- ブラウスやカットソーだけでもよいが、下着の色には気をつける。
- ガウチョパンツ、ワイドパンツ、マキシ丈パンツなどでもよい。
- ジャケットがあると、きちんと感が出る。
- スカーフやストールを巻いてアクセントにしても。

NG

・チュールスカート。

- シャツにノーネクタイ。
- 人と会うとき以外は、ノージャケットでも。
- 職場によっては、ポロシャツやTシャツでもよいところもある。
- 冬は、ジャケットの下にセーターやベスト、カーディガンなどを着用。
- 職場によっては、スニーカーOKの場合もある。

★着ていても疲れない、働きやすい服装であることも大切。

こんなことにも気をつけて

靴はよく手入れをすること

「おしゃれは足元から」といいますが、靴が汚れていると、いくら素敵にスーツを着こなしていてもマイナスイメージに。靴は、よく磨いておきましょう。毎日同じ靴だと傷みやすいので、何足かローテーションしながら履きましょう。

姿勢よく着こなす

せっかく服装に気配りをしても、姿勢が悪いと、暗い印象を与えます。よい姿勢は、意識しないとキープできません。背すじを伸ばして、格好よく服を着こなしましょう。

表にひびかない下着を

男性は、ワイシャツの下に色や柄が透けて見えるTシャツを着るのはNG。白無地のランニングやTシャツを着用した上でワイシャツを着ましょう。

女性は、ベージュや白など表にひびかない色の下着を身につけるようにします。

肌の露出は控える

いくら自由な服装OKの職場でも、肌を露出したファッションはNG。ビジネスシーンにおいては不適切です。職場の先輩たちの服装を参考に服選びをしましょう。

身だしなみとしてのヘアスタイルとメイク

✕ Bad 寝ぐせなどがついたボサボサの髪

- 自分好みの流行重視のヘアスタイル。
- 派手で目立つヘアカラー。
- 厚化粧。
- ノーメイク。
- 無精ひげや、ひげの剃り残しがある。

○ Good 清潔感のあるヘアスタイル

ロングヘアは、おじきをしたり、うつむいたりしたとき、顔に髪がかからないよう、まとめ髪に。

◆ナチュラルメイクで健康的に

ノーメイクは、男性の無精ひげと同じ。社会人になったら、メイクをするのがマナーです。明るい印象を与えるメイクに。

◆ひげは剃る・整える

男性といえども、身だしなみとして顔の手入れは必要。ひげの剃り残しがないよう、きれいに剃ります。ひげのある人は見た目をきれいに整えましょう。

清潔感のある印象に身だしなみを整える

仕事をするにあたって、さまざまな人と接します。周囲に不快感を与えないよう、**身だしなみを整えることが社会人としてのマナーです。**

服装に気をつかっても、髪がボサボサ、ノーメイクだと、良識のない人と思われます。

清潔感を第一に、表情がよく見える、すっきりとした印象のヘアスタイル、そして健康的なナチュラルメイクを心がけましょう。男性は、ひげを剃る、またはきちんと整えるようにします。**身だしなみは、自分の内面を映す鏡です。仕事の場では自分本位に考えず、周囲がどう見るかを考え、十分に気を配りましょう。**

POINT

社会人として、**身だしなみを整えることは、相手への礼儀**でもあります。服装だけでなく、髪型やメイクなどにも心を配ることが大切です。

ヘアスタイル・メイクの基本

家を出る前、会社に着いた後、鏡の前で身だしなみのチェックを。
※会社で髪色やスタイルなどのルールがあれば、それに従います。

女性

髪
- 長い髪は、ピンやバレッタなどでまとめると、明るい印象になる。
- 色は、黒やダークブラウン。明る過ぎる茶色は避ける。

眉
- ナチュラルな弓形に整える。

メイク

目……アイラインとマスカラは、あまり濃くならないようにする。アイシャドウは、ブラウンやグレー系の落ち着いた色に。
チーク……血色がよく見えるよう、薄くチークをのせる。
唇……血色がよく見えるピンクやオレンジ系がおすすめ。

NG
・濃いメイク。

男性

髪
- 前髪は目にかからない長さにし、襟足はワイシャツにかからない長さにする。
- 色は、黒やダークブラウン。明る過ぎる茶色は避ける。

眉
- 専用のハサミや毛抜きで整える。

ひげのケア
- 剃り残しがないように、きれいにシェービング。

NG
・ひげに剃り残しがある。
・無精ひげ

★ひげは、就業規則や仕事をする業界で問題がなければOK。ただし、ハサミで形をきれいに整えるなど、ひげのケアをする。

One point アドバイス　スキンケアのすすめ

女性は、健康的なメイクをするためにも、ベースとなる顔のスキンケアはしっかり行いましょう。

また、男性も顔が脂ぎったり、カサカサになったりしているとイメージダウンにつながります。夏はよく洗顔をして肌を清潔に保ち、冬は洗顔後、化粧水やクリームなどで保湿をしましょう。

こんなときは？　まつエク&カラコンをしたい

最近は、まつ毛エクステやカラーコンタクトをする人がいますが、これらが仕事に必要なものかといえば、そうではありません。仕事をするときはしないほうがベターです。

まつエクやカラコンが許容されている職場でも、仕事中は自然なデザインやカラーにするのがおすすめ。

仕事のときのアクセサリーやネイル

POINT

本来、仕事にアクセサリーやネイルなどは不必要なものですが、身につけるなら、仕事の場にふさわしい控えめなものにしましょう。

Bad 派手なアクセサリー

- 大ぶりでジャラジャラ音のするネックレスやブレスレット。
- 大きなデザインの指輪。
- 大きく個性的なピアスやイヤリング。
- 長いつけ爪。
- 派手な色、デザインのジェルネイル。

Good 小ぶりでシンプルなアクセサリー

◆ネイルは好感がもたれる控えめな色に

色は、透明、うすいピンク、ベージュなどがベスト。ジェルネイルは、簡単には落とせないものもあるので、控えめな色やデザインに。

自己主張しないアクセサリーで、相手への配慮を忘れないようにしましょう。

ビジネスの場で華美な装いはNG

仕事をする上で、「身だしなみ」を整えるのは、相手への配慮として不可欠です。アクセサリーやネイルなどの**「おしゃれ」は自分自身が楽しむものであって、仕事において本来は必要ないもの**です。そのため、身につける場合は、**仕事に支障がないよう控えめに、が鉄則。**

アクセサリーは、大ぶりで派手なデザインのものは避けます。ネイルの色は、うすいピンクやベージュなど控えめな色にし、全体にあまり自己主張しないことがポイントです。

また、男性のアクセサリーでOKなのは、結婚指輪とネクタイピンくらいと考えるとよいでしょう。

身につけるもののポイント

身につけるものは、好感がもて、仕事に支障をきたさないものを選びましょう。
※会社でネイルの色やデザイン、アクセサリーについてルールがあれば、それに従います。

ネックレス

あまり主張がない、シンプルなデザインのもの。トップも小ぶりに。男性の場合、業種にもよるが、仕事中ははずしたほうがベター。

NG

・大きく派手なデザイン。
・重ねづけ。

指輪

男女とも、結婚指輪以外はつけないほうがベター。つけるなら、シンプルなデザインのものに。

NG

・大きな石がついたものや、派手なデザインのもの。
・両手にいくつも指輪をはめる。

ブレスレット

シンプルなデザイン。

NG

・腕を動かすたびに音がするようなもの。
・パワーストーンのブレスレットを、ジャラジャラと重ねづけするのは避ける。

ヘアアクセサリー

黒ゴム、シンプルなモチーフの髪ゴム。黒や紺色のバレッタ、バナナクリップ。
（職場で許されている場合）

NG

・ゴージャス過ぎるデザイン。

ピアス・イヤリング

小ぶりで、上品かつシンプルなデザインのもの。

NG

・耳にたくさんのピアスをする（仕事中は一つだけがベター）。

ネイル

マニキュア、ジェルネイルとも、控えめな色がベター。

NG

・派手なネイルアートやデザイン。
・ラメ、派手な色。

One point アドバイス　ハンドケア

あいさつや名刺交換のときなど、意外と人に見られているのが指先です。爪が長かったり、汚れていたり、ささくれ立っていたりすると、相手に不快感を与えてしまいます。

爪は短く切って整えておきましょう。また、手を洗うときは指先までていねいに洗い、ハンドクリームでしっかり保湿をします。男女ともに、ハンドケアを心がけましょう。

こんなときは？　香水をつけるとき

香水は仕事に不必要なものなので、基本的にはつけないのがベター。楽しむ場合は、香りが強くないオーデコロンやオードトワレを少しつける程度に。香りの好みは千差万別。自分がよくても他人は不快に思う場合もあるということをお忘れなく。最近は、柔軟剤の強い香りで体調を崩す人もいるので気をつけましょう。

シンプルで機能的なビジネスグッズを

POINT

ビジネスの場では、**小物といえども仕事に適したものを持つことが重要です。**社会人として恥ずかしくない、品のよさを感じさせるものを身につけましょう。

Bad ビジネス小物もキャラクターグッズを多用

- カジュアル過ぎるバッグ。
- 派手な色、デザインの小物。
- ボロボロのバッグやスマホケース。

仕事もかわいいもので揃えたい！

Good ビジネス小物はシンプルなデザインに

ビジネスシーンにふさわしいものを！

◆**機能性重視のシンプルデザイン**

機能的で、落ち着いた色やデザインのものを選びます。

◆**仕事用と趣味のものを分ける**

仕事関係者に見られるものはビジネスにふさわしいものにし、普段多くの人の目に触れない化粧ポーチなどは自分好みのものに。

ビジネスの場にふさわしいデザインを

仕事で使う小物くらいは、自分の好きな色やデザインのものを持ちたいと思うかもしれませんが、**ビジネスシーンでは、持ち物はその人の品格、また仕事に対しての姿勢を表すもの**でもあります。

学生が使うようなカジュアル過ぎるものや、ビジネスの場にふさわしくないキャラクターもの、派手なものは避けましょう。

ビジネスバッグ、スケジュール帳、名刺入れなどは、社外を問わず多くの人の目に触れるものです。一緒に仕事をする人たちに好印象をもってもらえる、機能的でシンプルなデザインのものを選んで持ちましょう。

ビジネスに必要なグッズ

品のよさを感じさせるもので、好印象を与えましょう。

ビジネスバッグ

A4サイズの書類、タブレット、ノートPCなど、仕事に必要なものが入る、ベーシックな手提げタイプがよい。

! バッグの中には、ハンカチ、ティッシュを。身だしなみのために、手鏡も入れておくのがおすすめ。

NG
- アウトドア用のリュックサック
- ワンショルダーバッグ

通勤で持つのならOK。

腕時計

シンプルで文字盤が見やすいものを。

ビジネスの場では、腕時計で時間を確認するのがスマート。

名刺入れ

革製のシンプルなデザイン、カラーのもの。

NG
- プラスチック製、アルミ製
（簡易的なイメージがあるため）
- 定期入れや財布に名刺を入れる。

スケジュール帳

スマホやタブレットだけに頼らず、スケジュール帳も利用すると安心。自分が使いやすいものを選ぶ。

手帳、筆記用具

仕事で重要なことをメモするために重要。ペンケースもシンプルな色、デザインのものに。

NG
- キャラクターデザイン。

One point アドバイス　スマホを時計がわりにしない

腕時計をせず、会議中や打ち合わせ中にスマホで時間を確認するのは、極力避けるのがベター。相手には、スマホで何を見ているかはわからないため、例え時間の確認だとしても、スマホを何度も見ていると、話を上の空で聞いていると思われてしまい、マイナスのイメージを与えてしまいます。

ビジネスシーンでは、時間の確認は腕時計でするのがスマートです。

こんなときは?　ブランドバッグを持ちたい

プレゼントされたものでも、自分の給料ではとても買えない、高価なブランドバッグを仕事で持つのは、分不相応といえます。ハイブランドで小物を揃えるのも、控えたほうがベター。新入社員は、上司や先輩、取引先の人よりも格上のものを持つのは、できるだけ避けたほうが無難です。ブランドバッグは、プライベートで楽しむとよいでしょう。

好印象な表情と話し方

✕ Bad やる気のない表情と話し方

●暗い表情や疲れた表情。
●無表情。
●大声または小さな声でボソボソ話す。
●早口や聞き取りにくい話し方。
●視線をそらして話す。

そうですね。ちょっと上司に相談してみます。

○ Good 明るい笑顔でハキハキ話す

かしこまりました。上司と相談の上、ご連絡いたします。

仕事で人と接するときは、いつも笑顔で。

◆相手の顔を見て、相づちも

やさしい表情で相手を見て、話を聞きながら相づちをすると、誠実な人という印象を与えます。

◆落ち着いた声のトーンでゆっくり話す

説明をするときは、相手が聞き取りやすい声のトーンで、ややゆっくり話しましょう。甲高い声、極端な早口は禁物です。

POINT

第一印象は、視覚と聴覚からの情報が決め手となります。明るい笑顔でハキハキと話すことを心がけて、相手の心をつかみましょう。

表情、話し方一つで印象は変わる

第一印象は、視覚や聴覚からの情報が大きく影響します。なかでも、**表情や声のトーン、話し方は重要な情報です。**例え身なりがきちんとしていても、やる気がない暗い表情だったり、ボソボソした話し方だったりすると、相手はよく思いません。

好印象をもってもらうには、**明るい笑顔、ハキハキとした話し方を心がけましょう。特に、笑顔は信頼を得る大きな武器**といえます。疲れた表情になっていないか、人と会う前は鏡をチェックし、笑顔をつくる習慣をつけるとよいでしょう。そうすれば、自然と気持ちもほぐれて、落ち着いた話し方もできるはずです。

言葉と一致した表情に

「言語」「視覚」「聴覚」が一致してはじめて相手に伝わります。
状況に応じた表情をつくることも大切です。

「ありがとうございました」とお礼を言うとき

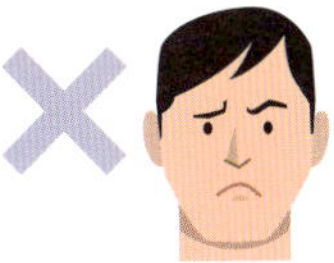

ふてくされた表情／
早口または
ボソボソした話し方

▼

相手は「**何で怒っているのだろう**」と感じる

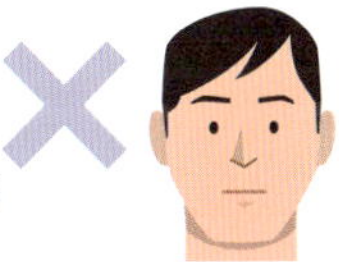

無表情／
ぶっきらぼうな話し方

▼

相手は「**心が込もっていないな**」と感じる

笑顔／
やさしい声のトーン

▼

相手に感謝の気持ちが伝わる

「大変申し訳ございません」と謝罪するとき

笑顔／
高い声のトーン、極端な早口

▼

相手は「**ばかにしているのか**」と感じる

疲れた表情／
滑舌が悪い

▼

相手は「**本当に謝っているのか？**」と感じる

申し訳ない表情／
落ち着いた声のトーン

▼

相手に謝罪の気持ちが伝わる

こんなことにも気をつけて

自分は無意識でも、体の角度や態度によって、相手の感じ方は違ってきます。

●顎の角度と印象

［＋20度 横柄（おうへい）］
［＋10度 自信家］
［±０度 誠実］
［－10度 控えめ］
［－20度 自信のなさ、疑惑］

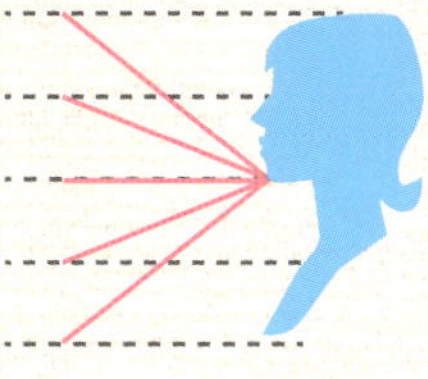

●「感じが悪い人」と思われる表現

- 無表情
- 腕組み
- ひじをつく
- 休めの姿勢
- 後ろに手

仕事での立ち居ふるまい

POINT

ビジネスにおいては、立つ、座る、歩くなどの日常動作も、その人や会社の信頼度に大きく影響します。そのため、正しい姿勢、所作を心がけることが大切です。

Bad ふんぞり返って座る

- だらしない。
- 頬づえをついて仕事をする。
- 落ち着かず騒がしい。
- 動作が無駄に大きい。
- 足音がうるさい。
- 電話や会話などがおおげさ。
- ムダ話が多い。

Good 姿勢よく座る

◆歩き方、立ち姿も美しく

背すじを伸ばしてきれいに座ったり、歩いたりすると、誠実に見え、周囲からも安心感をもってもらえて仕事も円滑になります。

◆一つひとつの動作を落ち着いて行う

ドタバタ動くのは、周囲に迷惑です。一つの動作を落ち着いてすることは、ミスの予防にもつながります。

姿勢よく座ることは、肩こりや腰痛、頭痛の予防にも。

姿勢を正して落ち着いた所作を

仕事をするときは、適度な緊張感をもち、**人の目を意識した立ち居ふるまいをしましょう。**

なぜなら、日常の立ち居ふるまいが、その人や会社の印象にもつながるからです。

例えば、だらけた姿勢や態度は、周囲を不快にさせ、信用も落としかねません。一方、背すじがピンと伸びた姿勢は見た目もきれいで、感じがよいもの。誠実に仕事をしているという印象を与えます。

姿勢を正す、落ち着いた所作を身につけることは、人間関係や仕事にもプラスになります。日頃から自分の姿勢やふるまいを意識しましょう。

正しい立ち方・座り方

**背すじをピンと伸ばし、胸を張るのがポイント。
男女で手を置く位置や、足の開き方は違うので気をつけて。**

立ち方

背すじを伸ばしてあごを引く

頭頂部が天井に吊られているような気持ちで、背すじを伸ばす。肩の力は抜いて、あごを引く。

胸を張る

肩甲骨を寄せるような感じで胸を張る。おなかは突き出さないように。

両手

〈男性〉両脇を閉めて、腕を下げ、指先を閉じる。
〈女性〉体の前で自然に重ねる。

両足をそろえる

かかと同士を合わせる。

NG ・後ろに手を回す。

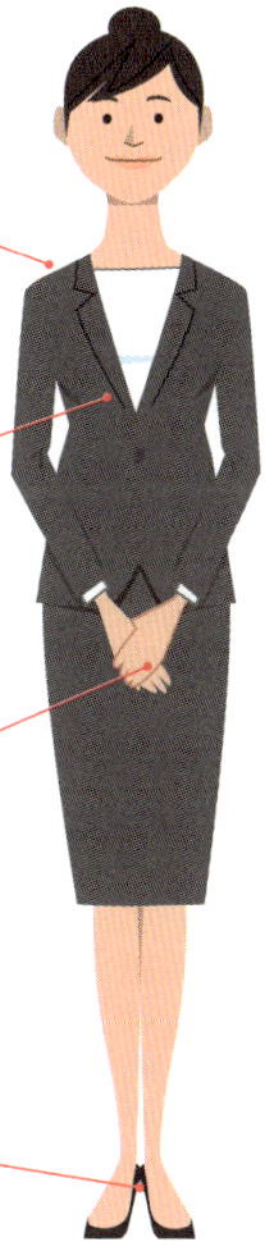

こんなときは?

訪問先での座り方

取引先の会議室のイスや、応接室のソファーに座るときは、背もたれから少し離れて座りましょう。背もたれに寄りかかるのは NG。態度が大きい印象を与えます。

背すじは、まっすぐ伸ばして座ります。男性は、やや足を開き、両ひざ上に手を置きます。女性は、足を閉じてひざの上で手を重ねます。

座り方

背すじを伸ばす

骨盤を立てるようにすると、自然と背すじが伸びる。

両足

男性は軽く開く。
女性は閉じる。

TPOに合わせたおじぎをマスター

POINT

日常のあいさつで行うおじぎと、お詫びをするときのおじぎは異なります。相手に失礼にならない、**シチュエーション別のおじぎのしかた**を覚えましょう。

シーンに応じておじぎを使い分ける

おじぎは、相手に対して、「敬意、感謝、謝罪」などの気持ちを表すために行うものです。

おじぎには、場面に応じて、「会釈」「敬礼」「最敬礼」の3つの種類があります。いずれも背すじを伸ばして、腰から頭が一直線になるよう、ゆっくり腰を折るのが基本。首を折って頭だけペコリと下げるのは、おじぎとはいえません。

場面によって、正しいおじぎをしないと、気持ちが伝わらないばかりか、誤解を招きかねないので、きちんと使い分けることが大切です。

おじぎの角度など、鏡でチェックしながら習得していきましょう。

✕ Bad　お詫びをするとき、ペコペコとおじぎをする

- 頭だけ下げる。
- すぐに頭を上げる。
- 歩きながらおじぎをする。
- おじぎをするとき、相手と目線を合わせない。

このたびは、すみませんでした。
誠意が感じられないな。

○ Good　お詫びのときは最敬礼のおじぎをする

ご迷惑をおかけし、大変申し訳ございません。

◆「同時礼」と「分離礼」

おじぎには、言葉と同時に礼をする「同時礼」と、言葉を伝えたあとに礼をする「分離礼」があります。後者のほうが、よりていねいな印象になるので、お詫びのときは分離礼を。ただし、相手が急いでいる場合は、謝罪であっても「同時礼」のほうが相手への配慮が伝わることも。相手の状況に合わせ、臨機応変にしましょう。

◆おじぎは腰から折る

首を折って、頭だけを下げるのは、おじぎとはいえません。

おじぎの基本

場面にふさわしいおじぎをします。
どのおじぎも、はじめと終わりに相手の目を見るようにしましょう。

会釈

角度 15度

「1」で礼、
「2」で止め、
「3、4」で戻す

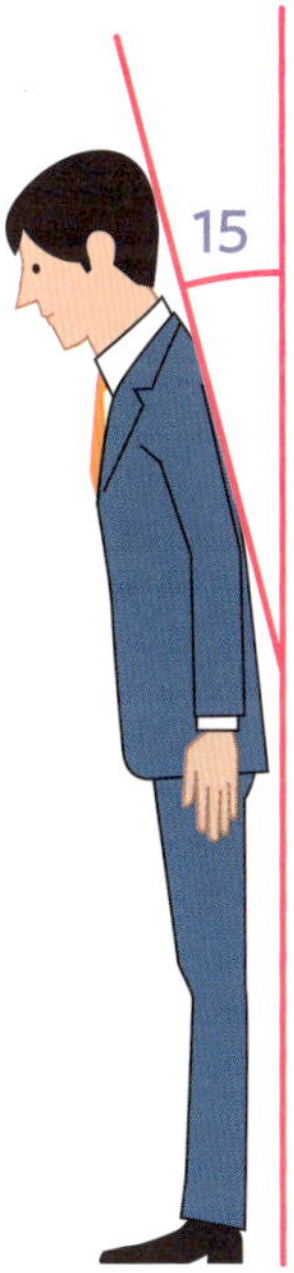

場面

- 上司や同僚などとすれ違うとき
- 用件を聞くとき
- 会議室や役員室への入室・退室のとき

あいさつ

「おはようございます」
「かしこまりました」
「失礼いたします」

敬礼

角度 30度

「1、2」で礼、
「3」で止め、
「4、5、6」で戻す

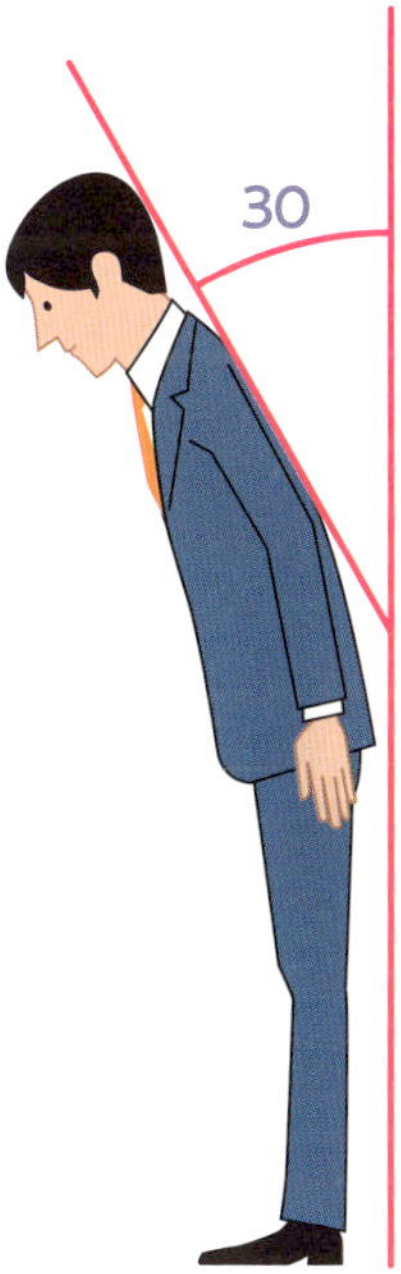

場面

- 出迎え・見送りのとき
- 取引先を訪問するとき
- 感謝の気持ちを伝えるとき
- 初対面の人とあったとき

あいさつ

「よろしくお願いいたします」
「お待たせいたしました」
「ありがとうございました」

最敬礼

角度 45度

「1、2、3」で礼、
「4」で止め、
「5、6、7」で戻す

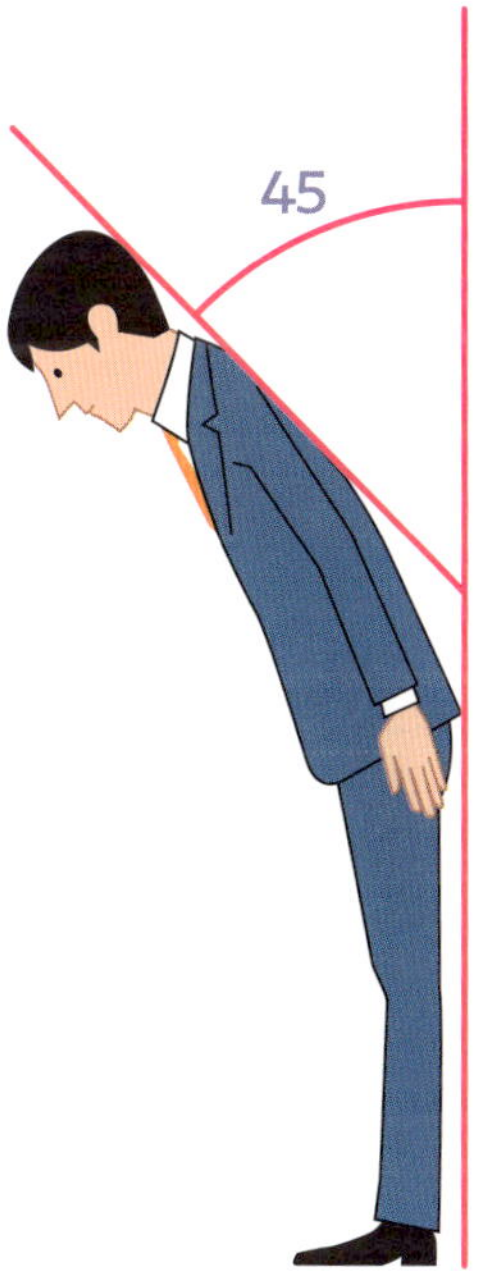

場面

- 謝罪のとき
- 深く感謝するとき
- 車が立ち去る際の見送り
- 役員などの見送り

あいさつ

「申し訳ございません」
「誠にありがとうございます」

あいさつはマナーの基本

✕ Bad 自分からあいさつをしない

- 声が小さい。
- 口の中でモゴモゴ話していて聞こえない。
- 作業をしながら、顔を見ずにあいさつをする。
- 語尾がぞんざい。
- 勝手にリズムをつけて言う。
- 友だちに言うように「おはよう」と言う。

○ Good 自分からあいさつをする

◆相手の目を見て笑顔であいさつ

パソコン画面を見ながらの「ながらあいさつ」は、相手を見下している行為。しっかり相手の目を見て、明るい表情、相手に伝わる声のトーンであいさつをします。

◆ていねいな言葉であいさつ

ビジネスシーンでのあいさつは、学生時代のような「おはよう」「お疲れ」ではなく、ていねいな言葉づかいであいさつをしましょう。

あいさつは目下から目上にする

あいさつは、コミュニケーションの第一歩。きちんとしたあいさつは仕事も人間関係も円滑にします。積極的にしましょう。

なお、**あいさつは目下から目上の人へするのが礼儀。**先輩から「おはよう」と声をかけられてから「おはようございます」と言うのは、あいさつではありません。それは返事です。新入社員は、全ての人に自分からあいさつをするようにしましょう。

また、作業中でもいったんストップして**相手の目を見てあいさつをする**のがマナー。さらに、あいさつは相手に聞こえなければ意味がないので、はっきりとした声でしましょう。

POINT

あいさつは相手への礼儀であり、人間関係を円滑にするツールでもあります。さわやかな笑顔であいさつをし、自分と会社のイメージアップに努めましょう。

オフィスでのあいさつ

**ビジネスシーン別に、適したあいさつをしましょう。
目上の人へのあいさつは、言葉づかいもていねいに。**

出社したら

おはようございます

帰るとき

お先に失礼いたします

外出するとき

行ってまいります

外出から戻ったとき

ただいま戻りました

仕事を頼まれたとき

かしこまりました
（承知いたしました）

お礼を言うとき

ありがとう
ございました

帰社した人を迎えるとき

お帰りなさい
（お疲れ様でした）

お客様が来社したとき

いらっしゃいませ

One point
アドバイス

目上に「ご苦労様」はNG

「ご苦労様」は、目上の人が目下の人をねぎらう言葉です。そのため、新入社員が上司や先輩に使うのは、失礼にあたります。また、同期であっても「ご苦労様」は、尊大な印象を与えかねません。

ビジネスの場では、相手が目上かどうか判断できない場合もあります。日頃から「お疲れ様です」とあいさつをするようにしましょう。

こんなときは？

電話をしている人には？

大きな声であいさつをするのは、かえって迷惑になるので、目が合ったら軽く会釈をするだけで OK です。

忙しそうな人には？

遠慮しないで、あいさつをしましょう。笑顔であいさつをされて、イヤだと思う人はいません。

Column

ビジネス用語

ビジネスシーンでよく使われる専門用語を理解しておくと、
仕事がスムーズに進みます。なお、わからない用語が出てきたときは、
そのままにせず、上司や先輩に聞きましょう。勝手な解釈は、
仕事のミスやトラブルを招きます。

例

アイミツ
複数社から見積りをとること。相見積り。

アサイン
割り当てる、任命する。

アジェンダ
計画、予定表、協議事項を指す場合も。

アライアンス
業務提携、戦略的同盟。異業種の企業が互いの利益のために協力する経営スタイル。

ウィンウィン(win-win)
両者にメリットがあること。

エビデンス
証拠、根拠。

コンセンサス
関係者の意思疎通、双方の合意。

サマリー
要約。集約したもの。

タスク
自分が行うべき作業のこと。

バジェット
予算、経費。

BtoB
企業間の取り引き。

BtoC
企業と一般消費者の取り引き。

フェーズ
段階、局面。

ブレスト
枠を決めず自由討論すること。

ニッチ
「隙間」。潜在的ニーズ(需要)はあるが、未だ確立されていない分野を意味する。

ネゴシエーション
交渉や取引の話し合い。

ファクト
事実。業務上の事象や事柄。

フィックス
最終決定。

フィードバック
計画や実行の反省点、課題を情報として連絡。

マター
案件。担当すべき仕事。

リスケ
スケジュールを組み直す。「リスケジュール」の略。

リマインド
再確認。

基本2

会社での働き方と仕事の基本

会社というチームの一員として、
会社のルールやマナーを守りながら、
仕事で最大限のパフォーマンスをするために
何をすべきかを考えましょう。

出社から退社までの流れとマナー

POINT

職場の人とうまくコミュニケーションをはかりながら、スムーズに仕事をするためにも、出社から退社までの必要なマナーや心構えを知っておきましょう。

Bad 仕事中、ネットサーフィンで遊ぶ

- 出社、退社のあいさつをしない。
- 勝手に外出する。
- ずっとスマホをいじる。
- 外出先から帰ってこない。
- 頼まれた仕事が終わっても報告しない。

Good 静かに業務に専念

◆出社、退社時にはあいさつを

職場の人には、出社、退社のときは必ずあいさつを。また、離席や外出するときも、周囲の人にひと声かけます。

◆勝手な行動をしない

やむを得ない事情で私用の外出や電話をするときは、上司に許可を得ましょう。

就業時間内は業務に専念する

最近は、いろいろな働き方がありますが、いずれにしても会社組織の一員として各人に与えられた業務を遂行し、その報酬として給料をいただくのが仕事です。

会社に出社し、就業時間まで働く場合、**就業時間内は業務に専念する必要があります。**勝手に私用の外出をしたり、頼まれた仕事が終わったからといってネットサーフィンをしたりするのはもってのほかです。

また、ずっとスマホをいじり続ける、おしゃべりをするなどの行動もNG。忙しそうな上司や先輩には声をかけ、できることをするなど、自ら仕事を作り出す姿勢も大切です。

出社したら

出社のあいさつする

あいさつは、目下から目上にするもの。オフィスに入ったら、自分から「おはようございます」と、明るく元気にあいさつをしましょう。

その日の予定をチェック

始業10分前には席に着き、パソコンを立ち上げたり、その日のスケジュールを確認したり、必要な書類を揃えたりします。

始業前にやることリスト

- □パソコンを立ち上げる
- □今日の仕事の確認
- □今日やるToDoリスト（P59参照）を作成
- □必要な資料を整える　など

デスク周りは整理整頓を

デスクの上がきれいに片づいていないと、必要な書類やメモもすぐに見つけることができません。仕事の効率をよくするためには、デスク周りはいつもスッキリ整理しておきましょう。

★他人のデスクはノータッチ
勝手に書類を動かしたり、引き出しを勝手に開けたりするのは禁物。資料がほしいときも、本人がいるときに声をかけて、もらうようにします。

●デスクの上
すぐに使う書類、頻繁に使うものだけを置きましょう。ブックエンドなど、小物を使って整理を。

●引き出し
引き出しの中も、ファイルなどを上手に使ってきちんと整理を。大切な書類や封筒がなくならないようにしましょう。

仕事中のポイント

静かに業務に集中する

仕事中は私語を慎み、静かに業務に集中するのが常識です。乱暴にドアを開け閉めしたり、大声で話すのは周囲への迷惑になります。

外出するときはひと声かける

ランチなど、自分の席を離れるときは、「食事に行ってきます」と周囲にひと言声をかけます。

また、営業などで外出する際は、行き先と戻り時間を書くホワイトボードなどがあれば、記入を忘れずに。出かけるときは「行ってまいります」と言います。

よし、書いたぞ！
氏名 行先 帰社時間
田中 ○○社 16:00

わからないことは必ず相談

仕事でわからないことがあれば、すぐに上司や先輩に相談しましょう。自分で勝手に進めるのは危険。トラブルを起こしかねません。

何でもかんでも相談するのではなく、まず自分で調べてみること。解決できない、それでよいのかわからないときは、内容を整理してから相談を。

今、ご相談のお時間をいただけないでしょうか？

職場でこんな行動は NG

- 長々とおしゃべりをする。
- デスクでメイクをする。
- 自分のSNSをこまめにチェック。
- スマホのゲームをする。
- ずっとお菓子を食べている。
- 大声での電話。

ポテト

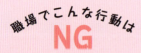

退社するとき

その日の進捗状況を上司に報告

業務日誌の提出など、終業時に会社で決まったルーティンがあれば行います。また、上司にその日の業務の進捗状況を報告し、翌日行う予定の業務を共有します。

10日までの営業報告書を先ほど課長にメールしました。明日は、9時に○○商事の大野さんと打ち合わせなので、直行いたします。

お先に失礼いたします。

手伝いを申し出る

終業時間近くでも、上司や先輩が忙しく仕事をしている場合は「何かお手伝いすることはありませんか」と、声をかけましょう。

ただし、自ら声をかけたのに「**退社時間なので帰ります**」というのは失礼です。

退社のあいさつをする

必ず周囲の人にあいさつをしてから退社します。黙って帰るのはマナー違反です。

デスク周りを整頓

翌日、すぐに業務にとりかかれるよう、机の上は整理整頓を。散らかしたままだと、それを目にする周囲の人への配慮にも欠けます。イスをきちんとしまうことも忘れずに。

One point アドバイス 喫煙者のマナー

最近のオフィスは、禁煙が一般的。喫煙をするときは、喫煙ルームか、屋外の喫煙所を利用します。

なお、1時間に何度も席を立って喫煙所に行ったり、喫煙所に長居をしたりすると、仕事に対する姿勢が疑われるので、注意しましょう。

また、飲み会などで喫煙する際は、喫煙してよいか、聞くのがスマートです。

こんなときは？ 残業を頼まれたとき

繁忙期や期日が迫っている仕事がある場合は、残業をしないと間に合わないことがあります。会社はチームで仕事を行っているので、急なお願いでもできるだけ引き受けましょう。

予定があって引き受けられないときは事情を説明します。ただし、翌朝早めに出社して手伝うなど、少しでも協力する姿勢を見せることが大切です。

遅刻・欠勤・早退するときの連絡

POINT

遅刻・欠勤・早退をするとその日にしなければならない仕事が滞り、職場に迷惑をかけてしまいます。それがわかった時点で**速やかに連絡を入れましょう。**

✕ Bad　チャットアプリ、メールで遅刻の連絡をする

- 遅刻や欠勤の連絡をしない。
- 遅刻の言い訳が多い。
- 始業時間がずいぶん経ってから、遅刻や欠勤の連絡をする。
- 遅刻しても、黙って席に着く。
- 遅刻しても謝らない。
- 勝手に早退する。

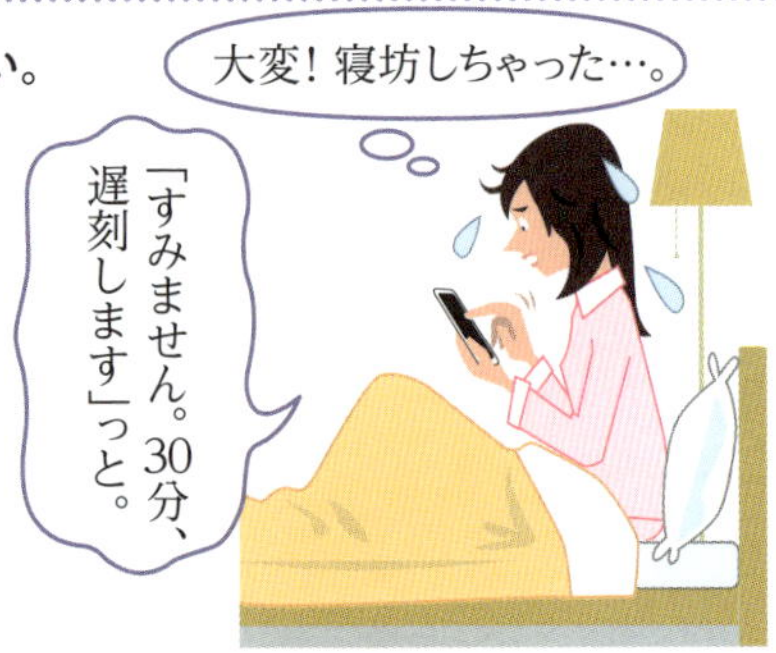

○ Good　始業前に電話で遅刻の連絡をする

◆遅刻したらまず謝罪の言葉を述べる

遅刻をするのは社会人失格。どんな理由であれ、最初に「遅れて申し訳ありません」と謝りましょう。

◆欠勤中のフォローのお礼を忘れずに

不在中、仕事のフォローをしてくれた部署の人たちには出社後「休み中は、ありがとうございました」と、お礼を述べます。

始業10分前までに上司に電話で連絡

遅刻は仕事に支障を及ぼす緊急性が高いもの。確実に早く伝えるためにも、**メールなどではなく、必ず電話で連絡します**。電車の遅延などによる**遅刻は、始業前に上司に連絡するのがマナー**。

体調不良や身内の不幸などで急に**お休みするときも、必ず始業10分前までに自分で連絡を入れましょう。**具合が悪くても、家族に連絡を頼むのはNG。早退も事前にわかっている場合は、早めに上司に伝えます。

いずれの場合もあなたが職場にいないことで周囲に迷惑をかけます。「申し訳ございません」と述べ、仕事のフォローをお願いしましょう。

連絡のしかたとマナー

遅刻

電話連絡が原則！ SNSでの連絡はNG

メールやLINEは、相手がチェックしないと「遅刻する」という情報が伝わりません。その点、電話は会社の人がとった時点で、確実に「遅刻します」と伝えられます。

POINT
- **上司が出社する時間帯に電話連絡を。上司が不在の場合は、電話に出た人に遅刻する旨を伝え、時間をおいて上司に電話をします。**
- **遅刻の理由と、出社予定時間を伝えます。**
- **電車に閉じ込められた場合は、メールなどのSNSで会社の人に連絡をし、駅に降りたら電話連絡をします。**

おはようございます。
高橋です。
事故で電車が遅れており、
まだ○○駅です。本日、
9時半のミーティングに
遅れてしまうかも
しれません。

欠勤

体調が悪くても自分で連絡を入れる

「会社を休む」連絡は、自分から電話します。かぜで声が出ない、緊急の入院などを除き、親に連絡してもらうのは禁物。社会人としての自覚がないと思われかねません。

POINT
- **通院など、事前にわかっている場合は早めに上司に報告し、了承を得ます。**
- **体調不良など、急な理由で欠勤する場合は、始業10分前までに上司に電話を入れます。**

申し訳ございません。
かぜで熱があるため、
本日は休ませて
いただけないでしょうか。

早退

仕事の引き継ぎをし、あいさつをしてから退社

通院など事前にわかっている場合は、上司の許可を得ましょう。急な体調不良の際は、上司に報告してからに。いずれも、仕事に支障が出ないよう引き継ぎを忘れずに。

POINT
- **その日に行う予定だった仕事について上司と相談し、引き継ぎをお願いできる人に説明をします。**
- **アポイントをとっていた場合は、先方に連絡をしてお詫びし、日程調整をします。**
- **翌朝、フォローしてくれた人たちに、お詫びとお礼を述べます。**

申し訳ございません。
体調が悪く、
午後になっても
回復しないため、
本日はお先に失礼させて
いただきます。

仕事の進め方は PDCAで

POINT

PDCAという考え方の理論を取り入れると、仕事を効率的に進めることができます。**常に、なぜこうなったのかを考えて改善策を見出していくことが大切です。**

計画・実行・評価・改善の流れを繰り返す

ビジネスでよく言われる「PDCA」とは、PLAN（計画）、DO（実行）、CHECK（評価・検証）、ACTION（改善）の頭文字の略です。

具体的には、仕事の明確な目標を掲げ、それに向かって行動し、失敗した点や成功した点から問題点や課題を分析し、その改善策を考えるということです。この4つを何回も繰り返していくことで、業務がだんだんと改善されていき、ミスもなくなるなど、仕事の効率が高まります。

単に指示された仕事を漫然と行うのではなく、常にPDCAを意識して仕事に取り組んでいくことが、自分自身の成長にもつながります。

✕ Bad いつもダメ出しされる

- 成果を上げるための具体的な計画をしない。
- ミスや失敗について、原因を究明しない。
- 効率を考えない。
- 言われたことだけをやって、工夫や改善がない。

○ Good 何が求められているかを考える

◆今よりもどうすればよくなるかを考える

常に、仕事の効率化を考えることが大切です。「なぜ」うまくいかないかを考えることから始めてみましょう。

◆上司や先輩にも相談を

自分で何も考えず、どうすればよいかを上司に聞くのではなく、まずは自分でどうすべきか考えてからアドバイスを求めましょう。

PDCAの進め方

Plan（計画）

目標を決め、計画を立てる

- 業務の内容と目的をしっかり把握する。
- 業務をやり遂げるための具体的な計画を立てる。いつまでに、何を、どのくらいまで進めるのか、スケジュール表を作成すると管理がしやすくなる。

Do（実行）

計画どおりに実行する

- わからないことや迷ったことは、その都度、上司や先輩に相談する。
- 計画どおりに進まないときは、計画の見直しを。ただし、最初に目標設定した期日と内容は必ず守ることが前提。

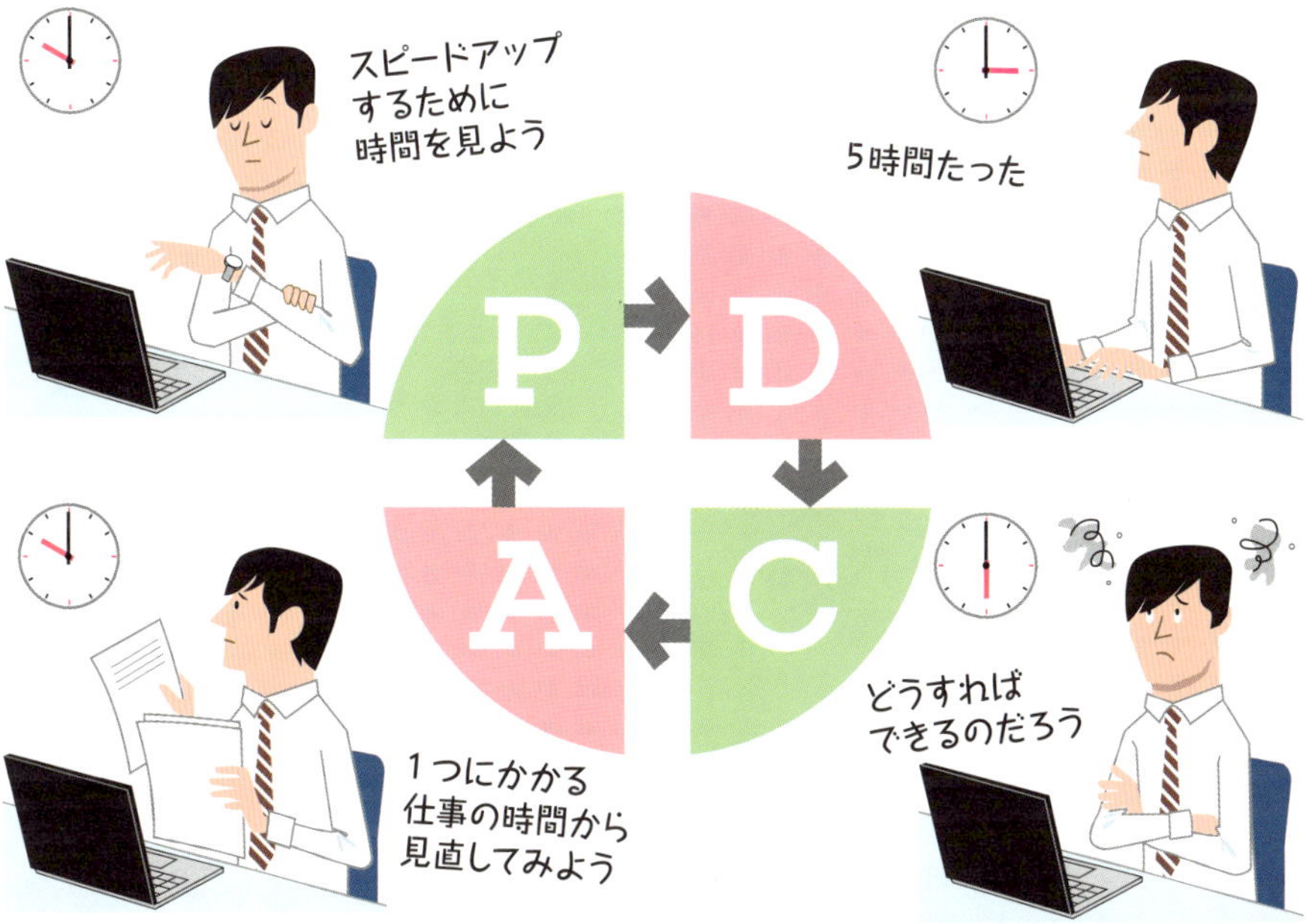

Action（改善）

改善点を見つけて次に活かす

- 反省を踏まえて、改善策を考える。
- 次に同じ業務を担当するときは、改善点を意識して計画を立てる。
- 改善点が複数あるときは、効果が大きそうなものから着手する。

Check（評価）

結果を評価・検証する

- 業務実行後、結果を評価・検証する。
- 上司や先輩からの評価だけでなく、自分なりに計画や実行方法を振り返り、よかった点・悪かった点を整理。
- 計画やスケジュールに無理がなかったか、プロセスも振り返る。

報告・連絡・相談は忘れずに

Bad　上司に聞かれるまで報告しない

- 途中経過を報告しない。
- 報告の結論がよくわからない。
- 報告・連絡・相談のタイミングが遅い。
- 連絡事項を伝えない。
- 相談せずに自分で解決しようとする。
- 自分勝手に仕事を進める。

Aの件は、スケジュールどおり進んでいるか？
それがちょっと無理な感じで……。いや、締切りまでには何とか△※◎△※◎……。

Good　自分からこまめに報告をする

Aの件ですが、○○社の担当者からの回答がまだありません。いかがいたしましょうか。

◆密に連絡をとり情報共有をする

社内で同じ仕事を進めている人とは、こまめに連絡をとって全員が仕事の情報を共有できるようにします。

◆相談は早めにする

トラブルやミスは一人で抱え込まず、早めに上司へ相談することが問題解決の近道です。

POINT

会社はチームで仕事を行うため、**報告・連絡・相談（ホウレンソウ）**で情報を**共有**して、仕事をスムーズに進めることが大切です。

仕事のベースとなるホウレンソウの徹底を

ホウレンソウとは「**報告**」「**連絡**」「**相談**」の略。これは、仕事を円滑に進める上で欠かせないアクション、そしてコミュニケーションです。

会社は、チームで仕事を行う場。そのため、報告や連絡を怠ると情報が共有できず、ミスやトラブルを招いたり、仕事が滞ったりします。また、トラブルやミスを黙っていると、被害は大きくなる一方です。困ったときは、すぐに上司に相談を。そうすれば、被害を最小限に抑えることができます。

「**ホウレンソウ**」**を徹底することで、あなたの仕事への信頼度もアップします。**

ホウレンソウのコツ

大切なのは、３つのアクションを日常の仕事の中で徹底し、関係者と情報を共有しておくことです。

※報告⇒連絡⇒相談という時系列で行うものではありません。

ホウ 報告

仕事の指示をした上司や先輩に、こまめに事実を報告します。

- 進行状況の報告
- 途中報告
- 結果報告
- ミスやトラブルの報告　など

Aの件ですが、15日までに
営業1課の鈴木さんから
見積書を送っていただく
ことになっております。

報告を怠らないことで、ミスやトラブルを回避できたり、最小限にとどめることができたりします。

レン 連絡

仕事の状況・情報を共有するために、関係者（社内・社外）に連絡します。

- 打ち合わせの日時、場所の連絡
- 仕事内容の変更
- 会議の議事録や決定事項
- 電話での伝言
- 社内行事や案内　など

△△事業部の安藤さんより、
Bの案件についての社内
ミーティングを6月10日
14時に変更してほしいと、
連絡がありました。

連絡は、口頭、電話、メール、メモなど、内容や緊急性に応じて適した方法で使いましょう。

ソウ 相談

自分では判断がつかないとき、問題が起きたときは、上司に相談をします。

- 仕事の進め方
- 判断に迷うとき
- お客様からのクレーム
- 職場の人間関係　など

C社の小林さんより
○○の部品の在庫数がなく、
注文の数を確保できないと
連絡がありました。
いかがいたしましょうか。

仕事に関することはもちろん、職場での不安や悩みについても、上司に相談するとよいでしょう。

仕事はチームプレイで

POINT

会社はチームで仕事をする場。自分勝手に判断をして進めるのは禁物。まず、与えられた役割の仕事に一生懸命取り組むことが大切です。

× Bad 自分勝手な判断で、仕事を進める

- 自分のやり方が正しいと言い張る。
- 上司や先輩の話を聞かない。
- ほかの人の仕事の進め方を批判する。
- 仕事の進捗状況を報告しない。

その件なら、先方にOKの返事をしておきました。
勝手にするな！

○ Good 上司や先輩に相談をして進める

Aの件ですが、先方の担当へのお返事はどういたしましょうか。

◆効率的なやり方を工夫

言われたことをきちんとやるのは当たり前。その中で、自分なりに効率的にできる進め方を考えましょう。ただし、そのやり方をしてよいかは、上司に相談を。

◆判断を仰いでから行動に移す

経験不足の新人が仕事でスタンドプレーをすると、トラブルの原因になりがち。自分を過信するのは禁物です。

新入社員は仕事の基本を学ぶのが第一

会社は、チームで仕事をしています。上司というリーダーのもと、それぞれの社員が役割をもち、自分の仕事をしています。新人は**与えられたポジションの仕事を、まずは指示どおりに進めることが第一です。**

また、上司や先輩から教えられた仕事のやり方に対して、勝手に変えるなどの**スタンドプレーは禁物。**自分がよいと思っている方法が、必ずしもよいとは限りません。教えられたやり方が、実は一番ミスを防げる方法だったりします。「こうしたらよいのでは」と思ったら勝手に行動せず、まずは上司や先輩に相談しましょう。

仕事への取り組み方

**仕事の基本を学ぶには、自分勝手な判断をせず、
まずは、教えられたとおりにやってみることが大切です。**

まずは指示どおりに行う

「非効率的」「こんなやり方は古い」と思っても、まずは教えられたとおりにし、その会社での仕事の進め方を身につけましょう。

仕事は最後まできちんと行う

与えられた仕事を、最後まで責任をもって行うことが大切です。その小さな積み重ねが、会社の信用や利益につながります。

自分は何をすべきか考える

単に言われたことだけをするのではなく、チームの一員として、「今の自分に何ができるか」を考えましょう。

失敗を次に活かす

仕事やマナーの失敗も、許されるのは新人のうちだけ。ミスをしたら「なぜそうなったか」を考え、改善していくことが大切です。

こんなスタンドプレーは NG

単独で社外に連絡する

上司と連名やCCにせず、勝手に重要なメールを送ると、上司は仕事の成り行きが見えず、業務に支障が出ます。情報共有はチームワークの第一歩と考えましょう。

「一人でできる」と思い込む

自分の力を過信して、「一人でできます」と宣言。しかし、結局一人ではできないと、取引先に迷惑をかけたり、職場の人にフォローの負担をかけてしまいます。

担当外の仕事に手を出す

「自分ならできる」と他のチーム員の仕事に勝手に手を出すのはNG。チームではそれぞれ担当が決まっているため、チームの和を乱すことになります。

仕事の指示を受けるとき

✕ Bad 上司の指示を上の空で聞く

- 「はい、はい」と返事をするだけで、メモをとらない。
- 疑問に思ったことを確認しない。
- 指示された内容を自分勝手に解釈する。

大丈夫かな。
はい！わかりました。

○ Good メモをとりながら指示を聞く

9月1日までに、○○のアンケート集計をし、企画を作成するということですね。

◆**不明点はその場で解消**

上司の指示内容にしっかり耳を傾けることが大切。ひとり合点や勘違いを防ぐため、わからないことは素直に質問します。

◆**優先順位を確認する**

複数の仕事が重なったとき、どれを優先するべきか上司に確認します。

POINT

仕事の指示を正確に理解し、実行することは、仕事の基本。認識違いがないようにその場で復唱して確認し、確実に業務を行いましょう。

必ずメモをとり内容を復唱する

新入社員は上司や先輩からの指示の内容を正確に把握し、指示どおりに実行することが仕事の基本です。**指示を受けるときは、必ずメモをとります**。よくわからない内容があれば、上司や先輩の話をひととおり聞き終えた後にまとめて質問します。日時・数値・価格・人の名前などが含まれているときは、**必ず復唱しましょう**。複数の仕事の指示が出たときは、どちらが先か優先順位を確認することも忘れずに。

反対に指示を出す立場になったときは、指示を受ける側の経験を活かして明確な依頼を心がけましょう。

指示の受け方

小さな仕事でも、ミスなく進めるためには、正しく指示を受けとることが大切です。指示内容は、必ずメモにとる習慣をつけましょう。

1. 呼ばれたら「はい」と返事

名前を呼ばれたら「はい」と元気よく返事をし、すぐにメモを持って立ち上がり、呼んだ人のデスクに行きます。

↓

2. 指示内容をメモする

話をよく聞き、要点をメモします。わからない言葉や内容があっても話を遮らず、後でまとめて質問するようにしましょう。

メモをするとき、9マスメモで整理していくとよい

何を 説明会の資料	**なぜ** 新製品発表会で使用	**どのように** プリントしてクリアファイルに入れる
誰が 吉田企画部長より	**資料送付**	**いくらで**
いつ 9月12日14時	**どこで** ○○会館△△の間	**どのくらい** 100部

↓

3. 5W1HやQCDを確認

相手の話が終わったら、「5W3H」に基づいて内容を確認します。また、指示された中でわからないことは、質問をします。

特に、手間ひまのかかる作業の場合は、QCD を確認しましょう。

ビジネスで重要な「5W3H」

- What（何を）▶ 仕事の内容
- Who（誰が、誰に）▶ 担当者、関係者
- When（いつ、いつまでに）▶ 日程、期限
- Why（何のために、なぜ）▶ 理由、目的
- Where（どこへ、どこで）▶ 場所
- How to（どのように）▶ 手段、方法、道具など
- How much（いくらで）▶ 予算、費用
- How many（どのくらい、いくつ）▶ 数量

QCDとは

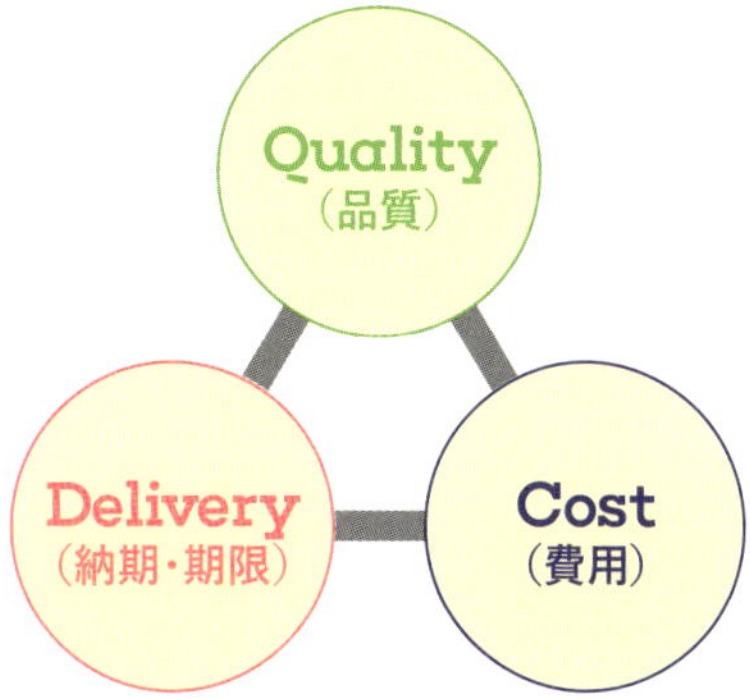
Quality
（品質）
Delivery
（納期・期限）
Cost
（費用）

書類や試作品など時間や手数をかけてつくるものでは、QCDを確認します。どの程度の品質が求められるのか。費用はどこまでかけてよいのか。そして、いつまでに必要なのか。いくら素晴らしいものができても、時間や金額がかかり過ぎては現実的ではありません。高い評価を受けるには、視野を広げて３つのバランスを考えましょう。

スケジュール管理術

Bad 依頼された仕事が間に合わない

- 何から手をつけていいのかわからず、スタートが遅れる。
- 想定以上に時間がかかってしまう。
- 上司や先輩に相談するタイミングが遅い。
- 期限ギリギリまで自分の仕事を手放そうとしない。

どうしよう。明日が期日なのに終わらない……。

Good スケジュールを立て期日までに仕事を終わらせる

・データ作り
・Ⓐデータまとめ
次はこの案件の仕事を……。

◆常に時間を意識する

仕事をする際は、どんな小さな仕事でも、所要時間を意識し、「このくらいの仕事は○時間かかる」と、データをとっておくようにします。

◆優先順位を決める

無理のないスケジュールを組み、その日にやるべき仕事を書き出し、緊急性の高いものから行っていきましょう。

POINT

社会人になると、限られた時間の中で仕事の成果をあげなくてはなりません。**スケジュールを上手に管理し、同じ1日でも時間を有効に使う工夫が必要**です。

限られた時間を有効に使う

どんなによい企画書をつくっても、期日を守れなければ、意味がありません。一方、スピーディに仕事を終わらせても、ミスだらけでは本末転倒。**仕事は、限られた時間を有効に使い、期限内にミスなく、評価されるものをつくるのが基本。**そこで必要なのが、スケジュール管理です。これは、仕事でのパフォーマンスを上げるためにも欠かせません。

まずはやるべき仕事をリストアップし、それぞれにかかる、おおよその時間を計算し、**無理のないスケジュール**をつくりましょう。そのためにも、どんな小さな仕事でも所要時間を意識しておくことが大切です。

スケジュール管理のしかた

**常に時間を意識して、一つひとつの仕事をていねいに、
スムーズに進めていきましょう。**

◉ToDoリストをつくる

自分がするべき仕事を全て紙に書き出し「見える化」します。その日の仕事を箇条書き（右記参照）にし、優先順位をつけます。重要度・緊急性の高いものから順に終わらせていくのがポイント。終わったら、斜線で消していきます。漏れを防ぐほか、達成感を得られます。

○月○日
・A社の橋本さんにTEL
・○○さんに商品数と納品日を確認
・△△の資料作成
⇒部長に確認してもらう

1 緊急で取り組むこと
チームでの作業や期限が迫っている連絡事項、時間のかかる作業など。

2 必ず行うべき作業
必ずすべき仕事ではあるものの、その日でなくてもよい作業。

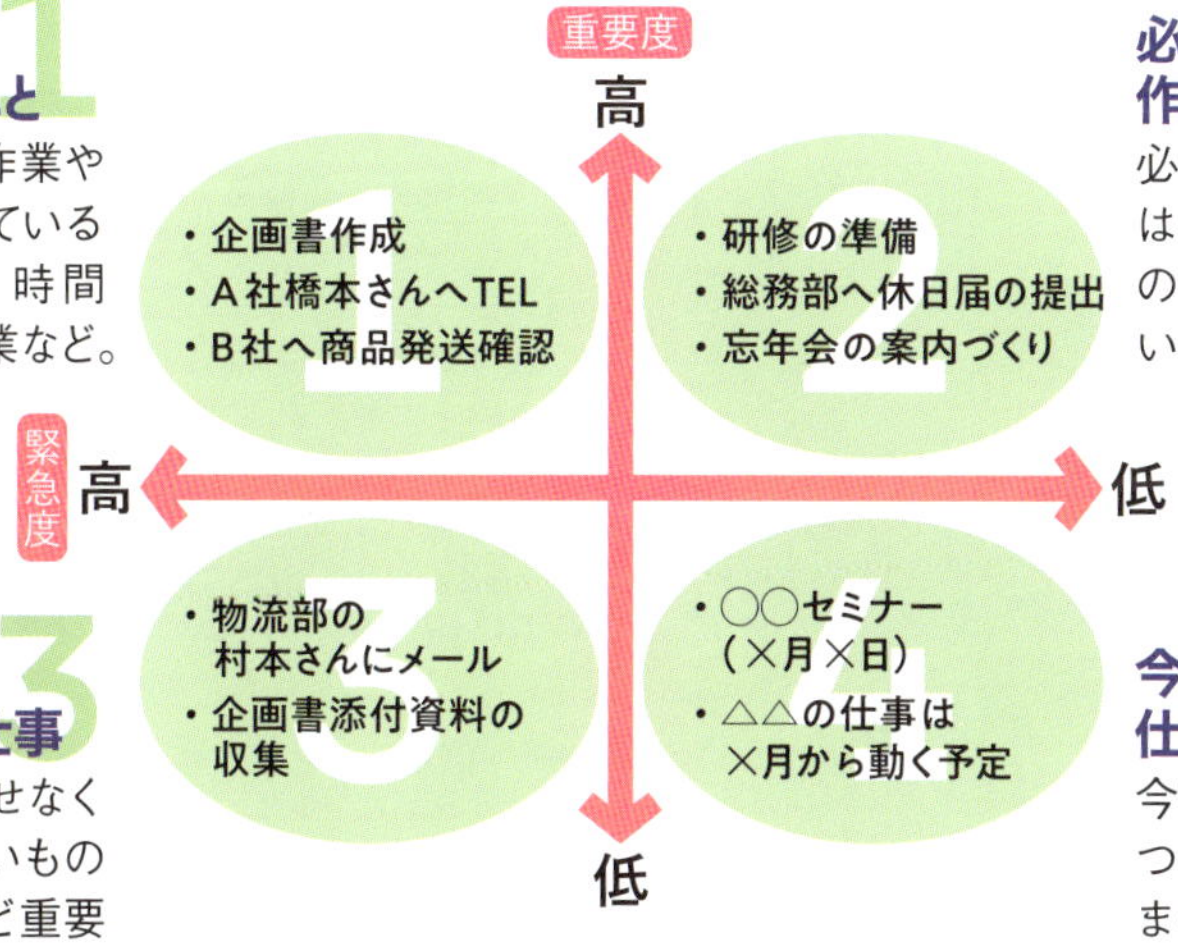
重要度
高
低
緊急度
高
低
1
・企画書作成
・A社橋本さんへTEL
・B社へ商品発送確認
2
・研修の準備
・総務部へ休日届の提出
・忘年会の案内づくり
3
・物流部の村本さんにメール
・企画書添付資料の収集
4
・○○セミナー（×月×日）
・△△の仕事は×月から動く予定

3 早めに済ませる仕事
早めに済ませなくてはいけないものの、それほど重要ではない作業。

4 今後の仕事の予定
今後の仕事に役立つことや、先に決まっている仕事の予定を箇条書きに。

◉仕事の所要時間を考える

一つひとつの仕事の所要時間を想定して行います。作業中も、常に時間を意識して、ペース配分を考えながら行うようにします。

◉余裕をもったスケジュールに

アクシデントやトラブルに対応できるよう、スケジュールを組むときは、ある程度余裕をもつことが大切。ギリギリの予定を組むのは危険です。

◉スマホや手帳を活用

1週間、1カ月の予定が、ひと目でわかるよう、スマホや手帳など使いやすいツールを活用して、スケジュール管理をします。

社内ミーティングに参加するとき

Bad ミーティング中、ずっと黙っている

- ミーティングのテーマ、内容を理解していない。
- 参加者の発言を聞いていない。
- 否定的なことや、問題点ばかりをあげる。

特に、意見なんてないし…。

Good 自分の意見を明確に述べる

明るい色がよいというアンケート結果から、私はビビッドなオレンジがよいと思います。

◆準備をして参加

何の準備もなしに自分の意見は述べられません。事前準備はしっかりと。また、遅刻は厳禁。開始５分前には指定の場所に着席を。

◆発言は指名されてから

発言は指名されたときや、全員に意見を促されたときは、人の話を遮ったり、先輩より先に発言したりしないように。

POINT

会議のテーマを理解し、**事前準備を怠らないようにします。**ミーティングでは、人の意見をよく聞いた上で、積極的に自分の意見を述べましょう。

事前準備をしっかりとする

社内ミーティングは、新入社員でも参加する機会が多いものです。

ミーティングに参加するということは、意見を求められること。何も発言しないと、参加した意味がありません。自分の考えを述べるためにも、**ミーティングの議題をよく理解し、必要な資料を集めるなど、事前に準備**をしておくことが大切です。

ミーティング中は、参加者の意見をよく聞き、意見を求められた際には、自分の意見を述べましょう。人の話を遮ったり、流れを無視して**一方的に自分の意見を述べたりするのは禁物**。なお、疑問に思ったことは、そのままにせず、質問をしましょう。

ミーティングでのマナー

真剣に発言を聞く

出席者の発言はメモをとりながら、真剣な表情で耳を傾けるのがマナー。腕を組んで聞いたり、頬づえをついたり、私語やあくびをするのは厳禁です。

考えをまとめてから話す

まとまりのない内容は、相手に伝わりません。発言をする際は、参加者に理解してもらえるよう、話す内容は整理しましょう。

問題を指摘するときは解決策も

問題点ばかりを指摘すると、批判的な発言になってしまいます。問題点をあげるときは、自分なりの解決策も提案しましょう。

新人は、すぐに動ける末席に座る

新人は、出入口近くの末席に座り、コピーや電話応対、接客など急な用事ができたとき、すぐに立って動けるようにします。

One point アドバイス　社内会議の準備

上司や先輩の指示を受け、会議の日時、場所、出席者を社内メールなどで参加者に連絡します。次に、会議資料を必要部数準備します。その際、「社外秘」の資料の取り扱いには十分注意を。

必要に応じ、お弁当や飲み物などを手配します。会議をする会場は、参加人数に応じて席をつくります。ボードやプロジェクターが必要な場合は準備も忘れずに。

こんなときは？　議事録を頼まれたとき

議事録は決定事項や今後の課題を参加者全員で共有し、記録に残すためのものです。会社により定型フォーマットが異なりますが、以下は必ず記載します。

- 会議・ミーティング名称
- 開催日時・場所・参加者
- 議事録の作成日・作成者名
- 決定事項
- 今後の課題
- 次回の会議・ミーティング予定

仕事でミスしたとき、どうする？

A社から見積書の宛先が違うってクレームが入っちゃった・・
ハァ
作成したの誰だろう・・？
わわわたしだ！
どうしよう！
言ったら怒られるよね・・
この仕事向いてないのかも・・
クビになったらどうしよう・・
なんでこんな簡単なこともできないの!?
人格否定
もうあんたいいや
上司に言っとくから
わー怖いよ!!
・・・このままなかったことにしようかな・・
黙っていよう・・

そうだ・・黙っていれば・・
え⁉御社のお見積書の宛名が間違っている⁉
大変失礼いたしました。直ちに正しいお見積書をお送りいたします！ご迷惑をおかけいたしました
A社とB社の見積書が互い違いになってたんだわ！
わたしには関係のないこと・・
関係ないと思えば思うほど
自分の居場所がなくなっていく感じ・・
やれやれ・・
あーやっちゃったのK田さんっぽいな〜
ミスをしちゃうことよりもミスを黙っていて、コトを大きくしちゃうほうが問題なんだけどな〜
はぁ〜
ビクゥッ
黙ってるほうが結局問題⁉

ミスをしたとき

POINT

起きたことは、しかたのないこと。**重要なのは、その後どう対処するか**です。そのためにもミスに気づいたら、すぐに上司や先輩に報告するようにしましょう。

✕ Bad ミスをしても謝らない

- ミスをしても黙っている。
- 言い訳をする。
- ミスをしても謝らない。
- 自己判断で、ミスに対処しようとする。
- 他人にミスをなすりつける。
- 同じミスを何度も繰り返す。

……

○ Good すぐに上司に報告し、謝罪する

申し訳ございません。
A社に誤った商品サンプルを送ってしまいました。

まずは、ていねいに謝罪をすることが大切。

◆事故処理は時間が勝負

時間が経つほど、コトが大きくなりがち。ミスに気づいたら、とにかくすぐ上司へ報告するのが得策です。

◆自己判断で処理しない

自分で何とかしようとした結果、さらにトラブルが大きくなることも。まずは上司に相談しましょう。

ミスをしたらすぐ報告し謝罪とリカバリーを

人間は、誰でもミスをおかすもの。仕事に慣れない新入社員なら、なおさらでしょう。仕事は、緊張感をもって正確にこなすのが基本ですが、**ミスをしてしまったら、すぐに上司や先輩に報告をすること。**

ミスをしてしまったことよりも、**「そのミスをどうリカバリーするか」が重要**だからです。黙って隠していたり、自己判断で対処したりすると、小さなミスも大きなトラブルに発展しかねません。

報告する際は、どんなミスをしたのか結論から話し、謝罪します。**言い訳は禁物。**その後は、上司や先輩に判断を仰ぎ、行動します。

ミスをしたときの対処のしかた

1. すぐに上司へ報告

ミスに気づいた時点ですぐに報告をします。ミスをした理由や経緯よりも、どんなミスをしたのか結論からありのままに話し、謝罪します。

！ 重要な報告なので、上司には「お話したいことがあるのですが、お時間いただけますか」と、ひと言添えてから話すとよいでしょう。

B社への注文数を
間違えてしまいました。
申し訳ございません。

2. 上司の判断を仰ぐ

どう対処すべきか、上司の判断を仰ぎます。勝手に対処するのはNGですが、自分なりの対処法を考えた上で、上司に判断を仰ぐことも大切。

！ 対処後は上司に報告をし、お詫びとお礼を。対処に時間がかかる場合は、進捗状況も報告しましょう。

かしこまりました。
すぐにB社の担当に
ストップしてもらう
ようお願いします。

3. 再発防止策を考え、実行

なぜ、ミスを起こしてしまったのか、どうすれば防ぐことができたかを考え、同じミスを繰り返さないようにします。対策を何も講じなければ、ミスはなくなりません。

！ 先輩の業務を見て、どんな対策をしているのか参考にするのもよいでしょう。

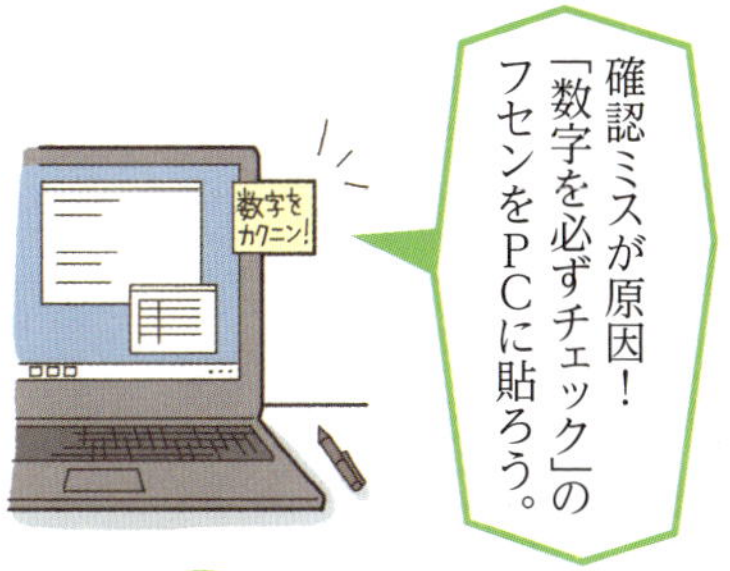
数字を
カクニン!
確認ミスが原因！
「数字を必ずチェック」の
フセンをPCに貼ろう。

One point アドバイス 謙虚な気持ちを大切に

ミスをしたときに、「だって」「でも」と言い訳をするのは禁物。どんな事情があったにせよ、まずはミスをしたことを認め、誠意をもって謝罪するのが、社会人としてのマナーです。

自分の非を認めない、他人のせいにするなどはもってのほか。仕事では、「謙虚さ」が大切。反省の心がないと、同じミスをまた繰り返すことになります。

こんなときは？ 取引先に謝罪に行くとき

謝罪の場では最敬礼のおじぎ（P39参照）をし、上司の謝罪の言葉に続いて、「誠に申し訳ございません」と、ていねいにお詫びします。

その際、叱責を受けても、言い訳をしたり、反論したりしてはいけません。取引先を出たら、上司に「ご迷惑をおかけし申し訳ございません」と、謝ることを忘れずにしましょう。

注意を受けたら

✕ Bad　怒られたと、反感をもつ

- 注意されても、言い訳や反論ばかりする。
- 怒られた、人格否定されたと、感情的になる。
- ふてくされる。
- 注意されても謝らない。
- 自分はダメな人間だと、自己嫌悪に陥る。
- イヤな上司だと思う。

いちいちうるさいなぁ。

〇 Good　注意してくれたことに感謝し、改善策を考える

申し訳ございません。以後、確認をするようにいたします。

◆注意を受けたのは人格ではなく行為

注意の対象は、あくまでも業務上の行為です。人格まで否定されているわけではありません。

◆失敗したときほど謙虚に

注意を受けるときは真摯な態度で。普段の仕事ぶりよりも失敗したときの対応のほうが、相手の印象に強く残ります。

POINT

「怒られた」と感情的になって、落ち込んだり、ふてくされたりしないこと。**注意されたことを素直に反省し、改善へとつなげていくことが大切**です。

感情的にならず真摯に受けとめ改善を

新人のうちは、上司や先輩から、仕事のミスや敬語の使い方などで、注意を受けることも多いでしょう。でも、相手はあなたのことを思って注意や指摘をしているということを忘れてはいけません。

注意されたら素直に反省し、注意されたことを冷静に分析して改善策を考えましょう。

上司からの注意を**「怒られた」と感情的に受けとめてしまうと、「なぜ注意されたか」「それをどう改善すべきか」という考えには至らず**、気持ちが落ち込むばかりになってしまいます。

注意や指摘は、自分を成長させてくれるものと考えましょう。

注意を受けたときの対応

1. お詫びとお礼を述べる

注意をしてくれた人に謝罪と感謝の言葉を述べます。このとき、言い訳や反論はしないこと。

申し訳ございません。以後、気をつけます

ご指摘くださり、ありがとうございます

2. 謙虚に耳を傾ける

間違いを指摘してくれた相手の話をよく聞きます。理解できないことがあれば、その場で質問します。

3. 改善策を考える

「なぜ、注意されたのか」の理由がわかると、それをどう改善すべきかが見えてきます。

注意された事実に目を向ける

「怒られた」と感情的にならず、冷静に事実だけを切り離して考えましょう。

例）遅刻を注意された

事実

- 出社時間に遅れた。
- 「遅刻をする」という電話連絡がない。
- 出社後、黙って席に着いた。
- 遅刻をしたという、お詫びの言葉がない。

感情

- こんなことぐらいで注意するなんてムカツク。
- 怒られてショック。
- これってパワハラ？
- 同僚にLINEで連絡したのに…。それを上司に報告しなかったアイツが悪いのに。

「遅刻」は、社会人としてのルール・マナー違反。その事実を受けとめる

まずは謝る

遅刻した上、連絡をしなかったことでご心配、ご迷惑をおかけしました。誠に申し訳ございません。

今後の改善策

- 遅刻をしない。
- やむを得ず遅刻をするときは、前もって電話で連絡をする。
- 遅刻して出社した際は、上司に「〇〇で遅刻しました。遅くなり申し訳ございません」と報告をする。

有給休暇をとるときのマナー

POINT

休暇はいつとってもかまわないものですが、仕事や職場の人への配慮も必要です。有給休暇をとるときは、早めに申請し、不在時の引き継ぎもしておきましょう。

✕ Bad 繁忙期、自分勝手に休む

- 直前に休暇申請をする。
- 病気以外で、急に休む。
- 相談なく、休む。
- 休暇届を出さない。
- 休暇中の引き継ぎをしない。

沖縄はこの時期、安いんですよ。だから月曜から4日間お休みしまーす。

○ Good 上司に相談し、繁忙期を避けて休む

6月に旅行を計画しています。15日から3日間、お休みをいただけますでしょうか。

休むときは「周囲に迷惑をかけない」ことが大切。

◆仕事の予定を調整してから相談を

旅行など、数日間休む場合は、仕事のスケジュールを確認・調整をしてから、上司に相談をするとよいでしょう

◆仕事の引き継ぎを

休暇中、職場の人や仕事関係者に迷惑をかけないよう、仕事の引き継ぎはしっかりと行いましょう。

休暇の申請は早めに上司に相談する

年次有給休暇は、法律で決められているお休みなので、遠慮せずにとりましょう。といっても、仕事はチームで回しているので、繁忙期などは避けたいもの。**業務に差し支えないよう、できるだけ仕事への影響が少ない時期を選び、上司に相談して了解を受けてから取得する**ようにします。その際、会社の規定に沿って、必要な書類があれば提出します。

旅行などで数日休むときは、職場の人に不在時の仕事の引き継ぎ、フォローをお願いします。**休暇明けは仕事をフォローしてくれた人に「お休み中は、お世話になりました」と、必ずお礼を述べましょう。**

有給休暇のとり方

1. 休む日を上司に相談

会社に届け出をする前に、上司に「○月○日にお休みをいただきたいのですが」と、相談します。

2. 休暇届を提出

会社のルールに従って「休暇届」を提出します。海外旅行の場合、緊急時の連絡先も伝えておくとよいでしょう。

3. 休暇中の引き継ぎを行う

休暇までに、できる限り自分の仕事を終えておきます。不在中も仕事が回るよう、引き継ぎをします。

4. 休暇明けにお礼を

休暇明けの朝一番に、上司とフォローしてくれた人にお礼のあいさつをします。旅行に行った場合は職場への手土産も忘れずに。

休暇明けの遅刻はイメージダウン。余裕をもって出社し、気持ちを「仕事モード」に切り替えて、仕事をしましょう。

[主な有給休暇]

短期休暇	年次有給休暇	6ヵ月以上勤務し、全労働日の8割以上出勤した場合、最低10日間の年次有給休暇が取得できる。
	慶弔休暇	本人や近親者の結婚などの慶事、近親者の死去などの弔事に取得できる。
	生理休暇	生理日に仕事をするのが困難な場合に取得できる。診断書を提出する必要はないが、会社によっては無給の場合もある。
	リフレッシュ休暇	会社により、勤続年数3年、5年、10年など節目ごとに取得できる休暇を定めているところもある。
長期休暇	夏季・年末年始休暇	夏季や年末年始に取得できる休暇。日数や全社休業・部分休業の違いは会社により定めがある。年度のカレンダー次第で日数が変わることが多い。
	産前産後休業	法律で定められた産前6週間、産後8週間の休暇。有給か無給かは会社による。健康保険加入者は、出産育児一時金、出産手当金が支給される。
	育児休業	法律で定められ、子どもが1歳になるまで取得できる。父親も取得可能。保育園に入園できない場合などは2歳まで再延長が可能。賃金の支払い状況により、雇用保険の育児休業給付金が利用できる。
	介護休業	法律で定められ、要介護状態の家族を介護するために取得できる。家族1人につき通算93日、3回まで。

！ 長期休暇の場合、届の提出期限が早めに設定されています。事前に会社のルールを調べて、提出漏れのないようにしましょう。

結婚・妊娠・退職の届け出のマナー

✕ Bad 結婚の報告をしない

- 仲のよい同僚だけに結婚の報告をし、上司や会社に報告しない。
- 妊娠したことを隠す。
- 電話またはメールで退職を告げる。
- 引き継ぎをしないで辞める。

あれ、指輪
そうなんです。先月、入籍しました。

○ Good 上司に結婚を報告

部長、実は11月に結婚することになりました。

◆子どもが産まれたら会社に報告

男性でも、社会保険の変更手続きが必要なほか、会社や健保・共済組合からお祝い金が出る場合があるので、必ず報告を。

◆仕事の引き継ぎをしてから退職を

退職日まできちんと仕事をこなすのが、社会人としてのマナー。後任者にしっかり引き継ぎを。

POINT

結婚で名字が変わると、会社では社会保険などの変更手続きが必要です。また、職場の人員確保のため、産休や育休を取得する場合は妊娠の報告を早めに。

プライベートなことも報告・届け出が必要

結婚や妊娠は、プライベートなことなので、会社に報告する必要はないと思うかもしれません。しかし、**結婚で名字が変わると、会社が納税や社会保険などの変更手続きを行う**ため、入籍の報告は必ずしましょう。

また、**妊娠は産休や育休で人員補給が必要**になるため、妊娠10週目以降の安定期になったら、早めに上司に報告を。その際、出産予定日、産休・育休・退職の時期について話します。

さらに、**退職も突然は禁物**。決意したら、希望する退職日の1～3カ月前に上司に相談し、その後も退職の意思が変わらなければ「退職願」を提出します。

報告のタイミング

結婚

- 会社の人を結婚式に招く場合は、その3～4カ月前。
- 会社の担当部署には、入籍してすぐでもOK。

報告・相談内容
・いつ結婚するのか　・結婚式の有無
・休暇（結婚式や新婚旅行）の予定

妊娠

- 安定期に入ってから
（胎児の心拍が確認できる妊娠10週目が一つの目安）。

報告・相談内容
・出産予定日　・今後の働き方について
・産休・育休の取得について　・出産後の働き方の希望

退職

- 退職希望の1～3カ月前。

報告・相談内容
・退職を考えていることを上司に相談
・退職の意思が変わらない場合は、退職日の相談
・仕事の引き継ぎ

こんなことにも気をつけて

社内結婚の場合は同じタイミングで報告

同じタイミングで、それぞれの上司に報告をします。上司が職場で最後に知る、ということはないようにします。また、同じ部署だと、異動要請されることもあるので、二人でよく話し合っておきましょう。

退職理由は言わず「一身上の都合」に

会社の待遇や仕事内容、人間関係のトラブルで退職するとしても、理由は言わないのがマナー。不満を口にしても、どうにもなりません。周囲の人から気持ちよく送り出されるような退職をしたいものです。

産休後の復帰プランを相談しておく

女性は出産後、自分はどのように働きたいのか、出産経験のある先輩に相談するなどして、よく考えましょう。産休や育休を取得する場合は、復帰のタイミングを上司と話し合っておくと、復帰がスムーズに。

退職後の就職先は言わない

再就職先が決まっていても、会社名や業種を話すのは避けましょう。今後のことを聞かれても「まだ決まっていません」と言うのが無難。退職日には、職場の人にはこれまでのお礼を伝えて、スマートに辞めましょう。

Column

FAX送信のマナー

FAXは誰が最初に見るかわかりません。誰宛てのものかがわかるように、必ず1枚目に「送信票」(下記参照)をつけて送ります。送信後は、相手が受け取ったかどうかを電話で確認すると安心です。

NG
・重要書類や機密文書をFAXする。
・大量の枚数を送る。 ・FAX番号を間違える(電話番号に送るなど)。

基本フォーマット例

会社のフォーマットがあれば、それを使用します。

FAX送信票

送信日　〇〇年〇月〇日

〇〇〇株式会社
〇〇部
〇〇〇〇様 ❶

❷
株式会社〇〇〇
開発部　佐伯日向
〒000-0000
東京都〇〇区〇〇1-2
TEL　03-××××-××××
FAX　03-××××-××××

本票を含め、全〇枚送付いたします。❸

いつもお世話になっております。❹
下記の件につきまして、FAXを送付いたします。
ご査収のほど、よろしくお願い申し上げます。❺

❻ 〇〇〇発注書

☑ご確認ください。
☐ご査収後、ご連絡ください。
☐こちらからお電話いたします。

❶ 送信先の社名、部署名、担当者の氏名

❷ 発信元の連絡先

❸ 送信枚数または「送信票を含まず〇枚」とする

❹ 通年使えるあいさつ文

❺ ご査収は、「よく調べて受け取ってください」という意味

❻ 送信内容(何の用件かひと目でわかるよう、簡潔に)

基本3

ビジネス会話のマナー

仕事や人間関係をスムーズにする
ツールの一つが「敬語」です。
適切な敬語の使い方をマスターすれば、
ビジネス会話も自信をもってできるでしょう。

敬語はビジネスの基本

POINT

相手に敬意を表す「敬語」は、社会人として身につけておきたい武器。敬語を使えば、年齢や立場が異なる相手ともスムーズにコミュニケーションができます。

✕ Bad 敬語を使わない

- 誰にでもタメ口で話す。
- 「マジで？」など、若者言葉を連発する。
- 「いいよ」「わかった」など、言葉づかいが乱暴。

すいません、ちょっとわかんなくて。どうすればいいっすか。

〇 Good ビジネスでは必ず敬語を使う

申し訳ございません。わからない点があるのですが、お手すきの際、教えていただけませんでしょうか。

上司や先輩、取引先の人など、目上の人には敬語を使うのが基本。

◆敬語を正しく使い分ける

敬語には、尊敬語、謙譲語、丁寧語があります。間違った使い方は、かえって失礼。相手の立場や状況に応じて正しく使いましょう。

◆同僚でもていねいな言葉で話す

年齢が近い同僚でも、仕事場ではなれなれしい友だち言葉ではなく、「です」「ます」の丁寧語で話しましょう。

ビジネスにおいて敬語は武器

ビジネスシーンにおいて、**敬語は不可欠なもの。**なぜなら、敬語を使わず不適切な言葉づかいをすると、相手に不快な思いをさせるばかりか、非礼な人とマイナスイメージをもたれ、その後のコミュニケーションがとりづらくなることもあるからです。

敬語は、相手を大切に思う気持ちを表すもの。正しく使えば、相手にその気持ちをストレートに伝えることができます。誰でも大切にされてイヤな気持ちになる人はいません。さらに、適切な言葉づかいができる人として信頼を得ることもできます。**仕事では、敬語が身を守る武器になります。**ぜひとも、身につけましょう。

敬語が必要な理由

1. 相手に敬意を示す

大野課長、お客様がいらっしゃいました。

敬語は、相手を敬う気持ちを表すものです。敬語を話されたほうは、自分は大切にされていると感じ、敬語を話す相手に好印象をもちます。敬語は、人間関係をスムーズにするものです。

2. 立場や関係を明確にする

佐藤様でいらっしゃいますね。お待ちしておりました。ただいま大野を呼んでまいります。

敬語を使い分けることで、相手と自分の立場が明確になります。例えば、相手がお客様であれば尊敬語を、身内（自社の人間や家族など）であれば謙譲語を使うため、周囲にも自然に関係性が伝わります。

! 社外の人に社内の人間のことを言うときは、上司であっても呼び捨てにします。

3. 好印象を得る

申し訳ございません。ただいま大野は外出しております。よろしければ、ご用件をお伺いいたしましょうか。

敬語をきちんと使いこなすと、「仕事ができる人」「良識をわきまえた人」と見なされ、その人自身の評価が自然に上がります。敬語を正しく使えることは、有能なビジネスパーソンの条件でもあります。

●敬語の種類 ※使い方は P.80～P.85 参照。

尊敬語	相手や相手側の人、または第三者の行為、状態、事柄などに敬意を表す言葉。
謙譲語Ⅰ	自分側から相手側または第三者への行為・事柄などにへりくだることで、相手側や第三者を立てる言葉。
謙譲語Ⅱ（丁重語）	自分側の行為・事柄などを、話す相手、文書の相手に対して丁重（配慮が行き届くよう）に話す。
丁寧語	話や文書において、ていねいな表現。
美化語	言葉そのものを美しい言い方にする。

※文部科学省文化審議会『敬語の指針』参考

ソトとウチの使い分けをしている?

Y山、
B社のN田様からお電話です
部長呼び捨て!!
うう
またまた
新人に
ビックリ
させられた…
T橋さん!
会社内ではY山部長!
またはY山さん
え?
だから僕、びっくりしたんですよ
部長呼び捨てでいいんだ!って
それは
外部の人に向かって
うちの会社の者を
言うとき!
??
なんで、そんな紛らわしい
ことをするんですか?
どっちも同じで
よくないですか?
?
敬語は正しく使わないと、
かえって失礼になるのよ!

敬語の基本をマスター

POINT

敬語は、相手や自分の立場により種類を使い分ける必要があります。間違った使い方をすると、かえって失礼にあたるため、正しい使い方を身につけましょう。

✕ Bad 自分側の人に対して尊敬語を使う

- 目上の人に対しても敬語を使わない。
- おコーヒー、おビールなど何にでも「お」をつける。
- ていねい過ぎて、おかしな表現になる。

鈴木さんは、ただいまお出かけになっています。

○ Good 自分側の人には謙譲語を使う

申し訳ございません。鈴木は、ただいま外出しております。

◆ウチとソトを使い分ける

「社内＝ウチ」、「社外＝ソト」と考え、社外の人に対しては、例え上司でも「鈴木は」「課長の鈴木は」と呼び捨てにします。

◆主語が誰かで尊敬語と謙譲語を使い分ける

「言う」という言葉は、主語が上司なら尊敬語で「（大野課長が）おっしゃった」となり、主語が自分なら謙譲語で「（私が）申し上げた」となります。

主語が誰かを考え上手に使い分ける

敬語は、単にていねいに話せばよいというものではありません。**相手や自分の立場によって、敬語を正しく使い分けることが重要です。**

特に「尊敬語」と「謙譲語」の使い分けは、間違えやすいので要注意。**「尊敬語」は相手や相手の行為などを立てて敬意を表し、「謙譲語」は自分や自分の行為などをへり下って表現するものです。**「尊敬語」は相手側が主語になるのに対し、「謙譲語」は自分側が主語になる、と覚えておきましょう。「丁寧語」は「です・ます」など、ていねいに表現するもので、「美化語」は「お」や「ご」を頭につけて、きれいに表現するものです。

相手や自分の立場で変わる敬語

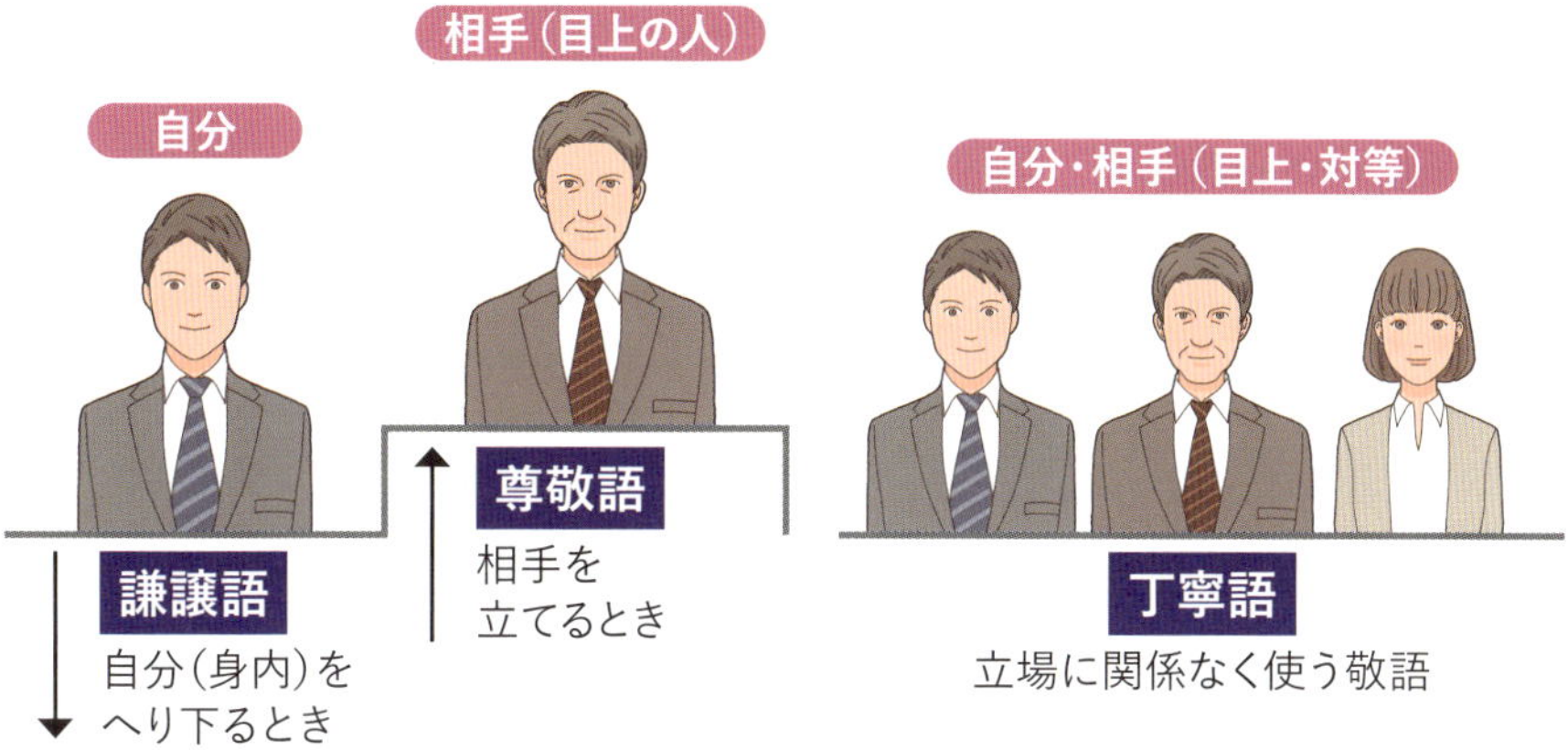
相手（目上の人）
自分
自分・相手（目上・対等）
尊敬語
相手を
立てるとき
謙譲語
自分（身内）を
へり下るとき
丁寧語
立場に関係なく使う敬語

上司と話すとき

上司には尊敬語、自分には謙譲語を使います。

打ち合わせには私も
まいります。（⬅謙譲語）
課長も
いらっしゃいますか？
（⬆尊敬語）

同僚と話すとき

目上の人のことを伝えるときは、尊敬語を使います。自分には謙譲語を使います。

課長も打ち合わせに
いらっしゃるそうです。
（⬆尊敬語）
私も**まいります。**（⬅謙譲語）

取引先（お客様など社外の人）と話すとき

社外の人に社内の人のことを伝える場合は、例え上司であっても謙譲語を使います。

打ち合わせには、
弊社課長の大野も
まいります。（⬅謙譲語）

自分と社外の人の間で第三者の話題になった場合

その場面で第三者を立てるほうがふさわしい場合は立てるようにします。

打ち合わせには
△△先生も
いらっしゃいますか？
（⬆尊敬語）

❗「課長」「部長」などの役職名は、呼称自体が敬意を含んでいます。そのため、社外の人に自社の役職者のことを伝える場合は、「大野課長」ではなく「課長の大野」と名字を呼び捨てにします。

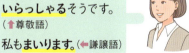

実践

尊敬語の使い方

尊敬語は相手を立てて表現することで、
敬意を伝える敬語です。

来客があったことを社内の人に伝えるとき

✕ △△社の遠藤部長が来ました

○ **△△社の遠藤部長がいらっしゃいました**

○ **△△社の遠藤部長がお見えになりました**

○ **△△社の遠藤部長がお越しになりました**

▶「来る」「行く」「いる」という言葉の尊敬語が「いらっしゃる」です。日常のビジネスシーンでよく使う言葉なので、自然に言えるようにしましょう。「お見えになる」「お越しになる」と言い換えることもできます。

社内会議で目上の人の発言について説明するとき

✕ 部長がこう言ってました

○ **部長はこうおっしゃっていました**

▶ つい「言う」と言ってしまいがちですが、尊敬語の「おっしゃる」を使いましょう。

社内の人に上司の帰宅を伝えるとき

✕ 大野課長は、さっき帰りました

○ **大野課長は、**
先ほどお帰りになりました

▶「帰る」という動詞を「お～になる」にすると、相手を高めた表現になります。

取引先の人に新商品について説明するとき

× 新商品の資料を見てください

○ **こちらが新商品の資料です。どうぞご覧ください**

▶「見る」の尊敬語は「ご覧になる」。相手に確認したいときは、「見てくれましたか?」ではなく、「ご覧いただけましたか?」と言いましょう。

取引先の人に来社をお願いするとき

× すみませんが、こちらに来てください

○ **大変申し訳ございませんが、弊社までおいでいただけますでしょうか**

▶「来る」の尊敬語の「おいで（になる）」を使います。「お越し(になる)」でもOK。なお、自分の会社のことを第三者に言う場合は、「弊社」「当社」という言い方をします。

取引先の人が帰るとき

× △△物産の○○さんが帰ります

○ **△△物産の○○様がお帰りになります**

▶「帰る」の尊敬語が「お帰りになる」です。「お～になる」という形で尊敬語になる表現には、ほかに「お尋ねになる」「お聞きになる」などもあります。

取引先の人と食事をするとき

× メニューはこれです。何を食べますか？

○ **メニューはこちらです。何を召し上がりますか？**

▶ 左記は自分側から食事をおすすめするケース。取引先の人にごちそうになる場合は、食べたいものを聞かれるまで待ちます。どちらが支払いをするかで質問する側が変わるので注意。

趣味について説明するとき

× ○○部長はゴルフをしますか？

○ **○○部長はゴルフをなさいますか？**

▶「する」の尊敬語が「なさる」です。「ゴルフをされますか?」も間違いではありませんが、「なさいますか?」のほうが、よりていねいな印象を与えます。

実践

謙譲語の使い方

謙譲語は自分側の行為や事柄をへり下って表現することで、相手への敬意を表す敬語です。

取引先に訪問日の返事をもらったとき

✕ ○日、そちらに行きます

○ **○日、御社に伺います**

▶「伺う」は「行く」「訪ねる」「聞く」「質問する」という意味があり、ビジネスシーンで使用頻度の高い謙譲語です。相手の会社は「御社」「貴社」という言い方をします。

取引先の人に説明するとき

✕ うちの佐藤さんがさっき言いましたが、見積書は明日持って行きます

○ **弊社営業の佐藤が先ほど申し上げましたように、お見積書は明日お持ちいたします**

▶「言う」「話す」の謙譲語は「申し上げる」。「持って行く」の謙譲語は「お持ちする」になります。また、社外の人に社内の人のことを言うときは、佐藤（名字）と呼び捨てにします。

取引先から資料などを受け取ったとき

✕ 会社に持って帰って見ます

○ **弊社に持ち帰りまして、拝見いたします**

▶「見る」「読む」の謙譲語は「拝見する」。「拝見します」でもよいですが、「いたす」という丁重語（謙譲語Ⅱ）をつけると、よりていねい。文書やメールなら「拝読する」、ものを借りるときは「拝借する」に。

目上の人に紹介されたとき

✕ ○○さんに会えて光栄です

○ **お目にかかれて光栄です**

▶「会う」の謙譲語は「お目にかかる」。「お会いできて」と言い換えることもできます。

取引先の人に自分の行動を説明するとき

✕ 来週の展示会には、わたしが行きます

○ **来週の展示会には、わたくしがまいります**

▶「参る」は「行く」「来る」という行動をていねいに伝える丁重語（謙譲語Ⅱ）です。また、自分のことは「わたし」より「わたくし」のほうがていねいです。

目上の人からの意見や依頼を引き受けたとき

✕ その件、了解しました

○ **ご用命の件、確かに承りました**

▶「承る」は「伺う」と言い換えることもできますが、「承る」のほうが、ていねいな印象。「了解する」は親しい人との間ではよく使いますが、目上の人や社外の人には失礼な表現に当たります。

目上の人に内密に知らせたいことがあるとき

✕ 知っているかもしれませんが、
聞いてもらいたいことがあります

○ **ご存じかもしれませんが、
お耳に入れておきたいことがございます**

▶「知る」の謙譲語は「ご存じ」。また、「お耳に入れる」は、内密に知らせる、聞いてもらうという意味をもちます。

取り引き先に依頼で訪ねるとき

✕ 本日は、お願いしに来ました

○ **本日は、お願いに上がりました**

▶「訪ねる」の謙譲語には「上がる」という表現も。「お・ご〜に上がる」という言い方で用いられます。

目上の人に資料を読んだことを報告するとき

✕ もらった資料を読みました

○ **いただいた資料を拝読しました**

▶「読む」の謙譲語は「拝読する」。これは、上司や先輩、取引先の人など、立場が上の相手からもらったメール、本などにも使います。

実践

丁寧語・美化語の使い方

語尾を「です」「ます」「ございます」とていねいに表現する「丁寧語」、名詞の頭に「お」や「ご」をつけて美しく表現する「美化語」は、ほかの敬語とともに使います。

取引先に社内の人を紹介するとき

✕ うちの〇〇部長です

〇 **弊社の部長の〇〇でございます**

▶「ございます」は「です」「ます」よりていねいで、改まった場で使われる表現です。「うち」は、ビジネスシーンではNG。自分の会社のことを社外の人に言うときは、「弊社」「当社」と言います。

その場を先に去るとき

✕ お先です

〇 **お先に失礼いたします**

▶「失礼する」は「帰る」の丁寧語・謙譲語です。目上の人より先に去るときは、「所用がございまして」など、相手も納得できる理由を述べた後、丁重にあいさつしましょう。

取引先から提案があったとき

✕ はい、わかりました

〇 **ご提案をくださり、ありがとうございます**

▶目上の人の意見などは、「ご意見」「ご提案」「お考え」などの美化語に。前向きな内容には「ご提案」、一部否定的な内容には「ご意見」、完全に否定的な内容には「ご批判」「お叱り」などと使い分けを。

名刺交換が用件の後になったとき

✕ あいさつが遅くなってすみません。〇〇社の△△です

〇 **ごあいさつが遅くなり、申し訳ございません。〇〇社の△△です**

▶その場の状況により、名刺交換が会議や用件の後になることもあります。「ごあいさつ」「お名刺」など、美化語をしっかり使いましょう。

確認をするとき

✕	これで、いいですか
〇	**こちらで、お間違いないでしょうか**

▶「いい」をていねいにした言い方には「よろしい」があります。しかし、「よろしい」かどうかは、相手が決めることなので「お間違いないでしょうか」という言い方がベスト。

社内で目上の人に電話を取り次ぐとき

✕	課長、〇〇さんから電話です
〇	**課長、〇〇様よりお電話です**

▶「電話」という名詞に「お」をつけた美化語の事例です。職場では「電話」と言うと、やや乱暴に聞こえます。社内の人はもちろん、電話相手にも敬意を込めた表現にしましょう。

●美化語の種類

名詞の頭に「お」をつける	名詞の頭に「ご」をつける	別の言葉に置き換える
・お車　・お考え ・お気持ち　・お時間 ・お言葉　・お茶 ・お水　・お菓子 ・お電話　・お手紙 ・お金　・お酒	・ごあいさつ　・ご祝儀 ・ご案内　・ご提案 ・ご心配　・ご不在 ・ご伝言　・ご来社 ・ご報告　・ご理解	・めし⇒ごはん ・腹⇒おなか ・水⇒おひや ・食う⇒食べる ・うまい⇒おいしい

★外来語、動植物、自然現象、公共物には「お」や「ご」はつけません。

One point アドバイス　言葉づかいを意識する

正しい敬語は、一朝一夕で身につくものではありません。まずは、上司や先輩の話し方を参考に、敬語を積極的に使うようにしましょう。

最初から完璧にできる人はいません。失敗しても大目に見てもらえる新人のうちに、敬語を学んで身につけましょう。そのためには、普段の日常会話でも、自分の言葉づかいを意識することが大切です。

ビール、コーヒーなどの外来語には、「お」はつけません。

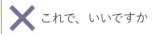

敬語一覧表

●よく使う敬語の使い分け

一般的な表現	尊敬語	謙譲語	丁寧語
いる	いらっしゃる	おる	います、おります
する	なさる、される	いたす	します
言う、話す	おっしゃる、言われる、話される	申す、申し上げる	言います
思う	思われる、お思いになる	存じる	思います
考える	お考えになる、ご高察	考える、拝察する	考えます
わかる	おわかりになる、ご理解、ご承知	かしこまる、承る、承知する	わかります
見る	ご覧になる	拝見する	見ます
見せる	お見せになる	ご覧に入れる、お目にかける、お見せする	見せます
聞く	お聞きになる、ご清聴	拝聴する、お聞きする、伺う	聞きます
引き受ける	お引き受けになる	承る	引き受けます
尋ねる	お尋ねになる、お聞きになる	お尋ねする、お聞きする、お伺いする	尋ねます
訪ねる	お訪ねになる	伺う	伺います
行く	いらっしゃる	伺う、参る	行きます
来る	いらっしゃる、お越しになる、お見えになる	参る	来ます
帰る	お帰りになる	失礼する、おいとまする	失礼します、帰ります
知る	ご存じ、お知りになる	存じる、存じ上げる	知ります
読む	ご覧になる	拝読する	読みます
忘れる	お忘れになる	失念する	忘れます
借りる	お借りになる	お借りする、拝借する	借ります
もらう	お受け取りになる、お納めになる	いただく、頂戴する	もらいます

一般的な表現	尊敬語	謙譲語	丁寧語
与える（やる）	おやりになる、くださる	差し上げる、進呈する、贈呈する	与えます、やります
助ける	お力添え、ご援助、ご支援	助けていただく	助けます
食べる	召し上がる お食べになる	いただく、頂戴する	食べます
飲む	召し上がる、お飲みになる	いただく、頂戴する	飲みます

●ていねいな言い換え

日常語	丁寧語	日常語	丁寧語
あの人	あの方、あちら様	今日	本日
誰	どなた、どちら様	きのう	昨日（さくじつ）
男の人	男の方、男性	きのうの夜	昨晩
女の人	女の方、女性	おととい	一昨日（いっさくじつ）
どこ	どちら	明日（あした）	明日（みょうにち、あす）
どんな	どのような	あすの夜	明晩（みょうばん）
これ、ここ	こちら	あさって	明後日（みょうごにち）
それ、そこ	そちら	今	ただいま
あれ、あそこ	あちら	今度	後日
さっき	先ほど	その日	当日
あとで	後ほど	とても	大変、誠に

●呼称の違い

	相手側	自分側
本人	○○様	わたくし
あの人	あの方、あちらの方	あの者
同行者	お連れ様、ご同行の方	同行の者
会社	御社、貴社	弊社、当社、わたくしども
役職	社長の○○様、○○社長	わたくしどもの社長、社長の○○
考え	ご意見、ご意向、ご高察、ご賢察	私見、愚見、所存、考え
訪問、行く	ご来社、お立ち寄り、お越し	ご訪問、お伺い、参上
心づけ	お品物、ご厚志、結構なお品	粗品、寸志
心配り	ご配慮、ご尽力	配慮、留意
両親	ご両親	両親
家族	ご家族、ご家族の皆様	家の者、わたくしども

ビジネスでの間違い敬語

✕ Bad 気づかずに間違った敬語を使う

- 二重敬語を使う。
- 何にでも「お・ご」をつける。
- 尊敬語と謙譲語が混同している。
- 若者言葉を使う。
- 目上の人が目下に使う言葉を、目上の人に対して使う。

とんでもございません。
ホントによかったです。

文法的に正しくは
「とんでもないことでございます」。

○ Good スマートな正しい敬語を話す

ありがとうございます。
お役に立ててうれしいです。

◆間違えやすい敬語はフレーズごと覚える

ビジネスシーンでよく使う言い方は、先輩や上司の敬語の使い方を参考に、フレーズごと覚えるとよいかもしれません。

◆言葉づかいのスイッチを切り替える

ビジネスシーンでは、敬語で話すのが基本。仕事場ではビジネススイッチに切り替えて、会話をするようにしましょう。

二重敬語や若者言葉に注意

相手を敬う敬語も、使い方を誤れば逆効果。間違った敬語を気づかずに使い続けないためにも、NG敬語を把握しておきましょう。

特に気をつけたいのが、**ていねいに言おうとするあまり生じてしまう「二重敬語」**です。また、特定の業界で使われている「バイト敬語」には、間違った敬語の使われ方もあるので要注意。もちろん**「まじで」などの若者言葉は、ビジネスシーンでは不適切**です。

敬語は使ってこそ身につくもの。上司や先輩など、周囲の人のフレーズを真似て、正しい敬語の使い方を身につけていきましょう。

POINT

間違った敬語を使い続けると、社会人としての自覚がないと思われ、信用を失うことにも。ビジネスにおいて、言葉づかいは重要だと肝に銘じましょう。

気をつけたい間違い敬語

二重敬語

一つの言葉に、同じ種類の敬語を重ねて使うのは間違い。しつこい印象になるので気をつけましょう。

× 部長のおっしゃられるとおりです

○ **部長のおっしゃるとおりです**

▶ ×は、「おっしゃる」は「言う」の尊敬語に、尊敬の助動詞の「～れる」をつけた二重敬語。

× 拝見させていただきます

○ **拝見します**

▶「拝見する」は「見る」の謙譲語で、「いただく」は「もらう」の謙譲語。謙譲語を重ねて使わない。

× ○○さんは、おられますか

○ **○○様は、いらっしゃいますか**

▶「おられますか」は、「おる」の謙譲語Ⅱ（丁重語）に、尊敬語の「～れる」を重ねた二重敬語。

× ○○様がお見えになられました

○ **○○様がお越しになりました**

▶「お～になる」の尊敬語にで、尊敬の助動詞の「～れる」をつけた二重敬語。

これはOK

慣例として定着しており、使ってもよいとされるものもあります。

○ **お召し上がりになる**

「お～になる」と「召し上がる」の二重敬語ですが、慣例として定着しているため、使ってもよいと考えられています。

○ **お読みになっていらっしゃる**

かなりフォーマルな言い回しなので、日常のビジネスシーンでは、「お読みになっている」「読んでいらっしゃる」でかまいません。

こんなことにも気をつけて

× **了解です** ○ **かしこまりました**

▶「了解」は、親しい間柄で使う言葉。目上には「かしこまりました」または「承知しました」に。

× **ご苦労様でした** ○ **お疲れ様でした**

▶「ご苦労様」は、目下の人にかけるねぎらいの言葉。目上の人に使うのは失礼です。

× **お体をご自愛ください** ○ **ご自愛ください**

▶「自愛」は、「体を大切にする」という意味。「お体」と「ご自愛」の重複は避けて。

× **すみません** ○ **申し訳ございません**

▶「すみません」は、ビジネスの場ではカジュアル過ぎます。

3つのフレーズの多用に注意

●「ございます」の使い方

×	○
○○様でございますね？	**○○様でいらっしゃいますね？**
何かお探しで ございますか？	**何かお探しで いらっしゃいますか？**

▶「ございます」は「です」「ます」の丁寧語、相手に使うのは失礼にあたります。

×	○
玄関にお車を用意して ございます	**玄関にお車を用意して おります**

▶「いる」「おる」の謙譲語は、「ございます」ではなく「おります」。

●「させていただく」の使い方

×	○
今、用意させていただきます	**ただいま、ご用意いたします**
ご案内させていただきます	**ご案内いたします**
△△大学を卒業させて いただいた○○です	**△△大学を卒業しました ○○です**

▶「させていただく」は、本来、「許可」を得て行う行為に使います。例文の使い方では、まるでその行為に特別な許可が必要なように聞こえて不自然です。

●「～のほう」の使い方

×	○
以前は建築資材のほうを 担当しておりました	**以前は建築資材を 担当しておりました**
グラフのほうをご覧ください	**グラフをご覧ください**

▶「～のほう」という言葉は本来、方角や 2 つ以上の選択肢から選ぶという意味。物事をぼかして表現する場合には使いますが、それ以外は使わないように。

若者言葉

若者言葉は、親しい仲間内で使う場合にはかまいませんが、ビジネスシーンでは不適切です。会社では、同期や年の近い先輩にもていねいな言葉づかいをしましょう。

× やばい　× まじっすか　× バグってますね　× うっそー
× ～じゃん　× っていうか　× ～な感じ　× ～かも

バイト敬語・マニュアル敬語

業種によって一般化された言い回しには、間違った敬語があります。聞き慣れているせいか、つい言ってしまいがちですが、正しい敬語をマスターしましょう。

× こちらが資料になります
○ **こちらが資料です**

▶「なる」は物事が変化するときに使われる動詞です。上の例の場合、目の前の資料が変化するわけではないので、間違った使い方です。

× この資料でよろしかったでしょうか
○ **こちらの資料で間違いないでしょうか**
△ **こちらの資料でよろしいでしょうか**

▶「よろしかった」は「よろしい」の過去形で、すでに済んでしまったことに使われる表現。そのため事後報告のように聞こえ、言われた側は気持ちのよいものではありません。

▶ 接客業界では「よろしい」はNGワード。「よろしい」かどうかはお客様が決めるものという考えだからです。

俗語的な表現

ていねいに話しているつもりでも、俗語的な表現を使うと間違った敬語になります。言い換えを意識して、正しい敬語の使い方をしましょう。

× 私がやらせていただきます
○ **私が担当いたします**

× 企画立案もやってらっしゃったんですか？
○ **企画立案もなさっていたのですか？**

▶「やる」「する」は俗語的で、ビジネスシーンにはなじみません。「やる」は「なさる」「される」、「する」は「いたす」と言い換えます。

ビジネスでの大人の言い方

✕ Bad ストレートな物言い

- 自分の都合のみ押しつける。
- 相手への配慮がない。
- 強引な言い方をする。
- 感情的に話す。

ムッ…
その件は無理なので、お断りします

○ Good 相手に配慮した言い方をする

大変申し訳ございませんが、今回は辞退いたします。

◆クッション言葉で表現をやわらげる

「恐れ入りますが～」「～していただけませんでしょうか」など、クッション言葉を使ってソフトな印象に。

◆表情や声のトーンもソフトに

角の立たない「大人の言い方」をしても、無表情だったり、声を荒らげたりしては何にもなりません。やわらかい表情と落ち着いた声のトーンで話しましょう。

クッション言葉でソフトに伝える

ビジネスではお願い、お断り、注意や警告など、相手にとって好ましくない内容を伝えなくてはならないシーンが少なくありません。そんなとき、**ストレートな表現で伝えると相手の反発や怒りを招き、事態を悪化させる可能性があります。**

そうならないためには、配慮を伝える「大人の言い方」をすることが大切です。**ビジネスで多用されているクッション言葉**は、相手の気持ちを損なわず、言いづらいことを伝えやすくします。**人間関係は、言い方一つでよくも悪くもなります。**仕事をスムーズに進めるためにも、スマートな表現を身につけましょう。

POINT

言いづらいことを、そのままストレートに伝えると、相手を不快にさせることも。同じ内容でもスマートな言い方に換えると、仕事も人間関係も円滑になります。

言いづらいことを言うとき

クッション言葉の使い方

上 につけるクッション言葉 ＋ **下 につけるクッション言葉**

依頼や質問をするとき

上につけるクッション言葉:

- 恐れ入りますが～
- 申し訳ございませんが～
- よろしければ～
- ご面倒をおかけしますが～
- 差し支えなければ～

＋

下につけるクッション言葉:

- お願いできますでしょうか？
- ～していただけないでしょうか？

注意や警告をするとき

上につけるクッション言葉:

- 恐れ入りますが～
- お手数ですが～
- 大変申し訳ございませんが～
- 大変恐縮でございますが～

＋

下につけるクッション言葉:

- ご遠慮願えませんでしょうか？
- ご容赦ください。

拒否するときや謝罪するとき

上につけるクッション言葉:

- せっかくですが～
- 大変申し訳ございませんが～
- 大変申し上げにくいのですが～
- 大変残念ですが～
- 大変恐縮ですが～
- 身に余るお言葉ですが～
- 申し訳ございませんが～
- お気持ちはありがたいのですが～
- 大変ありがたい
  お話ではありますが～

＋

下につけるクッション言葉:

- 今回はいたしかねます。
- 今回は遠慮させていただきます。
- 今回は見送らせていただきます。
- ご容赦ください。

上 にクッション言葉を使う場合（基本形）

「恐れ入りますが」というクッション言葉を加えることで、相手への心配りが伝わります。

「**恐れ入りますが、**
明日までにお願いいたします」

上 と 下 にクッション言葉を使う場合（変化形）

下に疑問文をつけることで、より恐縮した気持ちを伝えることができます。

「**恐れ入りますが、**明日までに
お願い**できませんでしょうか**」

お願い・問いかけをするとき

お願い　相手にたずねる形に

✕ 時間をもらえませんか	○ お忙しいところ申し訳ございませんが、 〇分程お時間をいただけませんでしょうか
✕ 社名をもう一度 言ってください	○ 恐縮ですが、御社名を もう一度お伺いできますでしょうか

問いかけ　適切な敬語で一歩下がった表現に

✕ どんな用件でしょうか	○ ご用件をお伺いできますでしょうか
✕ ご理解いただけましたか	○ ご不明な点はございませんでしょうか

否定・反論するとき

否定　クッション言葉を使う

✕ それは聞いていません	○ 申し訳ございません。その件については お伺いしていないかと思うのですが…
✕ ダメです	○ そのようなお考えもあるとは思いますが、 私は□□と思います

反論　クッション言葉をつけたり、質問形にしたりする

✕ だって…	○ おっしゃることは、よくわかるのですが…
✕ それは間違っています	○ 大変申し上げにくいのですが、 それは□□□□ではないでしょうか

断る・謝罪するとき

断る　角が立たないフレーズを使う

✕	〇
そんな日程じゃ お受けできません	せっかくのお話ですが、かえってご迷惑を おかけすることになると思いますので、 今回は辞退させていただきます
その日は行けません	お誘いいただき、ありがとうございます。 あいにくその日は予定があり…

謝罪　決まり文句を適切な敬語で

✕	〇
お詫びします	（心から）お詫び申し上げます
申し訳ないです	大変ご迷惑をおかけし、 申し訳ございません

同意するとき・お待たせするとき

同意　目上に失礼のない言葉を選ぶ

✕	〇
部長の意見でいいです	部長のご意見に異存はありません
そうですね	はい、おっしゃるとおりだと思います

お待たせするとき　適切な敬語で申し訳ない気持ちを込めて

✕	〇
ちょっと待ってください	少々お待ちいただけますか
今、検討しているので 〇日まで待ってください	ただいま検討中です。恐縮ですが、 〇日までお待ちいただけますでしょうか

Column

時候のあいさつ

社外向けのビジネス文書の前文に、「時候のあいさつ」を入れると、よりていねいな印象になります。ただし、立春や処暑など暦に関するものは、その年は何月何日になるかを調べて送りましょう。

NG ・詫び状や報告書に、時候のあいさつを入れる。

時候のあいさつ

1月
新春の候／初春の候／寒冷の候／例年にない厳しい寒さが続いておりますが／寒さ厳しき折

2月
立春の候／春雪の候／残冬の候／立春とは名ばかりで寒い日が続いておりますが／暦の上では春と申しますが

3月
早春の候／啓蟄のみぎり／春分の候／日ごとに春めいてまいりました／春まだ浅い季節／ようやく春めいた今日この頃

4月
陽春の候／春暖のみぎり／桜花の候／春爛漫の候／春たけなわの季節となりました／花冷えのする今日この頃

5月
新緑の候／薫風のみぎり／立夏の候／風薫る五月／若葉が目にしみる季節／さわやかな初夏の季節となりました

6月
梅雨の候／初夏の候／長雨の折／うっとうしい梅雨の季節となりました／紫陽花の花が美しい日々となりました

7月
盛夏の候／猛暑の候／酷暑の候／大暑の候／暑さ厳しい折／いよいよ夏本番となってまいりました

8月
残暑の候／立秋の候／処暑の候／初秋の候／残暑厳しき折／立秋とは名ばかりの酷暑が続きますが

9月
初秋の候／早秋の候／白露の候／日増しに秋の気配が濃くなってまいりました／九月とはいえまだ暑い日が続きますが

10月
仲秋の候／清秋の候／紅葉の候／天高く馬肥ゆる秋となりました／すっかり秋めいてまいりました

11月
晩秋の候／暮秋の候／初雁の候／枯れ葉舞う季節となりました／立冬とはいえ暖かな日が続いております

12月
初冬の候／師走の候／今年もいよいよ押し詰まり／寒さ厳しい今日この頃／あわただしい年の瀬を迎え

基本4

電話・メール・ビジネス文書のマナー

電話応対、メールやビジネス文書の作成も、
基本のフレーズやフォーマットを覚えれば、
むずかしくありません。
「ていねい」「正確」をモットーに実践しましょう。

会社の電話すぐとってる？

RRRRR
ああああ
電話鳴ってる・・
RRR
RRRR
早く誰か
とってくんない
かなぁ・・
RRRR
固定電話、
家でとったことないし
コワイんだよなぁ・・
知らない人と
いきなりマンツーで
話すとかムリ・・
言葉づかい
間違っちゃったら
イヤだし
失礼だし・・
RRRR
そもそも
電話とるために
就職したんじゃないし・・
大変お待たせしました
A社でございます
ホッ・・
しかし周りはこう思っている・・
忙しいんだから
新人が電話を
とってよ!!

しかし その場をしのいでも 電話はたえず鳴る
RRRRR
K田さん、電話 とらないと慣れないよ？
はい・・・！
わ〜ん、電話コワイよ〜!!
はい、A社でございます
お疲れ様です！ 営業のM野ですが 部長いますか!?
よかった〜 社内の人！
はい、少々 お待ちください
あ、着信が 携帯番号だと 社内の営業さんの 確率が高いのかも!?
それから携帯からの着信だと 進んで電話をとったK田だったが・・
A社でございます
C社のJ堂と申します S沢様いらっしゃいますか？
しまった、抜きうち〜!
えええええS沢は、いい今 席を外しておおおりまして おおお折りかえし お電話させせましょうか？
いきなり どもった！

電話応対の基本

✕ Bad 電話が鳴っているのに出ない

- 周囲に人がたくさんいるので、自分がとらなくてもよいと思っている。
- 誰かが電話をとるまで待つ。
- 暗く、小さい声で電話応対する。
- 適切な敬語を使わない。

○ Good 電話が鳴ったらすぐとる

◆迅速、ていねい、正確に

電話応対の基本は、電話が鳴ったらすぐにとり、ていねいな応対で、情報を正確に受けとって伝えることです。

◆明るい声で応対

暗く小さな声だと、相手は聞きとりにくく、不安になります。明るくハキハキと話すことを心がけましょう。

会社の第一印象は電話応対で決まる

会社にかかってくる電話は、すぐに伝えたい緊急の用件や、仕事の依頼、お客様からの問い合わせなど、重要度の高いものが多くあります。**電話は、会社の信用、利益に直結するビジネスツール。**電話応対の仕事をたかが電話をとるだけ、連絡するだけと、軽くみてはいけません。

相手はあなたの電話応対のしかたを通して、どんな会社かを判断します。**あなたの対応一つで、会社の印象はよくも悪くもなるのです。**好印象をもってもらい信用を得るには、明るくていねいな電話応対をすること。経験を重ねながら、電話応対のスキルをアップしていきましょう。

POINT

電話応対は、会社のイメージを大きく左右するもの。顔が見えないからこそ、明るくていねいで、かつ正確な情報伝達を心がけましょう。

電話をすぐとることのメリット

ビジネスチャンスを逃さない

電話は重要な営業ツール。仕事の依頼の場合は、利益につながります。

仕事がスムーズに進行する

業務連絡をすぐに伝えることができ、仕事が円滑に進みます。

信頼を得る

電話にすぐに出る、当たり前のことですが徹底されていると信頼度がアップします。

すぐにとらないで切れてしまったら…

- 電話が仕事の依頼なら、会社としては大きな損失になります。
- 仕事の連絡がスムーズにいかなくなり、スケジュールの遅れにもつながります。
- クレームや問い合わせの電話の場合、マイナスの印象を与えかねません。

だから、電話は3コール以内にとるのが基本！

営業時間内に、3コール以上待たされると不安に感じ、電話を切ってしまうことも。切られてしまうことは、会社にとってダメージなので、**「電話は鳴ったら3コール以内にとる」習慣をつけましょう。**

★すぐにとるのがよいといっても、1～2コール鳴ってからに。鳴った途端に出ると、相手の電話では呼び出し音が鳴っていない可能性があり、いきなり出られるとびっくりします。相手にも、電話で話す準備が必要ということをお忘れなく。

新人が積極的に電話応対すべき理由

今すぐにできる仕事

普段、自分のために時間を割いて指導してくれている、多忙な上司や先輩に代わって電話をとり、会社に貢献を。

業務への理解が深まる

取引先の会社名や担当者の名前を知ることができるほか、自分の会社がどんな仕事をしているかがわかります。

ビジネスマナーが自然と身につく

電話応対には、適切な敬語やコミュニケーションが必要なので、ビジネスマナーも自然と身につきます。

電話応対で気をつけること

言葉は、はっきりていねいに

相手にスムーズに正確に伝わるように、明るい声でハキハキと話します。また、適切な敬語を使い、相手に不快な思いをさせないようにします。

姿勢よく笑顔で応対

だらしない姿勢や、作業をしながら話すのは禁物。相手には見えなくても、姿勢や態度は言葉づかいや声のトーンに表れて、相手に伝わります。

電話は簡潔にわかりやすく

長電話は、お互いに時間と人件費がかかると認識しましょう。電話をかける場合は、電話1件につき3分を目安に、前もって整理してから電話をかけることが大切です。

こんなことにも気をつけて

電話応対している人がいたら静かにする

電話は性能がよいので、社内の雑音も相手に伝わります。電話中の人の近くでは、大きな声で仕事の話をしたり、笑ったり、おしゃべりしたりするのは慎みましょう。

また、電話を取り次ぐときは、すぐに「保留」ボタンを押し、会社内の会話が相手に聞こえないようにします。

電話での話し方のポイント

姿勢よく、口を大きく開けて話す

前屈みだったり、口があまり開いていなかったりすると、声が出にくく、こもった発音になりがちです。ハキハキした声を出すには、背すじを伸ばし、縦に指２～３本が入るくらい大きく口を開けるようにします。

ゆっくりと、やや高めのトーンで

早口だと相手は聞きとりづらく、メモもとれません。普段話すスピードよりも「やや、ゆっくり」を心がけます。また、高い声のほうが聞きとりやすいので、状況にもよりますが、特に第一声は意識して少し高めのトーンの声を出しましょう。

相手を気づかう言葉づかい

適切な敬語を話すのはもちろん、スマホ・携帯電話にかける場合は「**今、お話できるご状況でしょうか**」と、相手の都合を確認します。相手を気づかう言葉づかいは、好印象をもたれ、人間関係も円滑にします。

電話とメールの使い分け

それぞれの長所を理解し、上手に使い分けましょう。

こんなときは電話で

- **その場で返事がほしいとき。**
- **込み入った話をするとき。**
- **メールではニュアンスが伝わりづらい話をするとき。**

こんなときはメールで

- **資料や図面などを送りたいとき。**
- **日時・場所・商品名などを正確に伝えたいとき。**
- **送受信の履歴を残したいとき。**

電話とメールで確認

すぐに確認してほしいメールについては、送った後に電話をしましょう。逆に、電話で決まった日時や場所は、確認のためにメールを送り、情報を共有するようにします。

ただいまメールを
お送りいたしましたので、
ご確認いただけます
でしょうか

電話の受け方

✕ Bad　相手の名前が聞きとれないまま取り次ぐ

- あせって電話をとり、しどろもどろになる。
- メモをとらない。
- 伝言を伝え忘れる。
- 敬語を使わない。
- 相手から聞いた伝言内容が正確ではない（変更日時や場所、名前などを間違える）。

（えっ、誰？　聞き取れない）
あっ、はい。少々お待ちください。
えーと、たぶん原田さんに電話です。

○ Good　相手の会社名と名前を復唱し、名指し人に正確に伝える

△△社の高橋様でいらっしゃいますね。
原田さん、△△社の高橋様からお電話です。

◆第一声は、明るい声で

電話は、会社の受付窓口のようなもの。会社の印象をよくするためにも、明るく相手に聞きとりやすい言葉で、会社名を名乗りましょう。

◆メモをする

電話で受けた内容は、正確に記録して、名指し人に伝えましょう。伝言メモは、簡潔に、見やすい字で書く配慮も忘れずに。

POINT

電話に出た人の印象がそのまま会社の印象になるので、相手が聞きとりやすいはっきりとした声で、適切な敬語を使って応対をすることが大切です。

好印象をもたれる電話応対を

電話は突然かかってくるものです。だからといって、あわててとると、すぐに言葉が出なかったり、早口になったり、メモの準備ができず相手の名前を間違えたりしがち。電話での会社の第一印象をよくするためにも、**電話が鳴ったら、ひと呼吸おき、「電話モード」に切り替えて、**落ち着いて出ましょう。

電話を受けてからのおおまかな流れ（左ページ参照）を理解し、基本フレーズ（別冊参照）を身につければ、はじめての相手からの電話にも、スムーズに対応できます。また、情報を正確に伝えるためにも、「メモをとる」ことは徹底しましょう。

電話を受けるときのポイント

メモとペンを準備する

電話が鳴ったら左手で受話器を持ち、右手でメモします。※利き手でメモを。

3コール以内にとる

相手にも電話で話す準備が必要なので、1～2コール待ってとりましょう。

電話の機能を把握しておく

スムーズに取り次ぐためにも、転送、内線などの機能を理解しておきましょう。

電話を受けてからの流れ

1 電話をとったら名乗る

「はい」と一拍おいてから、はっきりと社名を言います。

はい、○○商事でございます

↓

2 名前を復唱し、あいさつする

相手が名乗った会社名、名前をメモして、復唱し、あいさつをします。

A社の近藤様でいらっしゃいますね。
いつもお世話になっております

↓

3 名指し人に取り次ぐ

名指し人の名前を復唱して取り次ぎます。

はい、営業1課の原田でございますね。
少々お待ちくださいませ

直接本人に口頭で連絡するか、内線を使って連絡します。

原田さんにA社の近藤様より、
2番にお電話が入っています。
よろしくお願いいたします

↓

4 名指し人が不在の場合

不在であることを詫び、折り返すか、代わりに用件を聞くなど、代案を提案します。

申し訳ございません。あいにく原田は
外出しており、16時には戻る予定です

（用件を聞く・伝言を預かる）

わたくし、原田と同じ部の鈴木と申します。
差し支えなければ、代わりにご用件を
伺いましょうか

わたくし、営業1課の鈴木と申します。
よろしければ、伝言をお伺いいたしましょうか

（メモをとり、復唱）

かしこまりました。明日6日の打ち合わせ
時間が、9時半から10時に変更という
ことですね

伝言メモ

- 電話を受けた日時
- 相手の社名・部署名・氏名
- 用件（できれば相手の電話番号も明記）
- 電話を受けた者の名前

（電話を終えるとき）

近藤様からの伝言、原田が戻り次第、
確かに申し伝えます。
お電話ありがとうございました

電話のかけ方

✕ Bad 用件をうろ覚えのまま、電話をかける

- 相手の都合を確かめない。
- 早口で話す。
- 一方的に用件をまくしたてる。
- 敬語を使わない。

あの～、12日いや15日だったか、例の件について打ち合わせをする件ですが……。
?

○ Good 話の要点をまとめてから電話をかける

- 新プロジェクトの件打ち合わせ
- ○月○日(○)14時～
- 参加者　○○他５名
- 資料は、A、Bを配布

◆相手を確認してから用件を話す

電話番号を間違えたり、相手を確認せずに一方的に用件をまくしたてたりしないよう、注意しましょう。

◆用件は5W3Hを基本に

仕事の電話は、5W 3H（いつ、どこで、誰が、何を、なぜ、どのように、いくら、いくつ）を基本に、順序立てて話すようにしましょう。

電話をかけるときは前もって話す内容を整理

電話をかけるのは、かける側の都合。電話の相手の時間をもらって、話を聞いてもらうわけです。そのため、相手に**話を聞いてもらえる時間があるかどうかを確認した上で、簡潔かつ正確に用件を伝えます。**

整理されていない話を長々と話すのはマナー違反です。前もって、要点をまとめておきましょう。

なお、電話をかけるときは、相手の名前や部署名、電話番号を名刺などで確認し、間違えないようにします。電話をかけるときの流れ（左ページ参照）を把握し、相手に失礼のない基本的なフレーズ（別冊参照）で仕事をスムーズに進めましょう。

POINT

仕事の電話は、**相手に正確にわかりやすく用件を伝える**ことが一番。相手が電話で話をすることができる状態なのか**思いやることも大切です。**

電話をかけるときのポイント

かける前に要点をまとめる

話す内容を箇条書きにしてメモをすると、順序よく話すことができます。

かける時間帯に配慮する

始業直後、昼休み、終業間際などの時間帯は避けましょう。

メモとペン、資料などを用意

すぐにメモができるようにするほか、日程表や資料などを用意しておくと安心。

電話のかけ方の流れ

1 相手が出たら名乗る

相手が社名を名乗ったあと、自分の会社名と名前を名乗ります。

**お世話になっております。
B社の中村です**

↓

2 取り次ぎをお願いする

話をしたい人の部署名と名前を伝えます。

**企画部の吉岡様は
いらっしゃいますでしょうか**

! 取り次ぎの際、相手の操作ミスで電話が切れても、こちらからかけ直し、「**電話が切れてしまい申し訳ございません**」とひと言添えます。

↓

3 用件を話す

担当者が出たら、再び自分の名前を名乗り、このまま電話で話をしてもよいかひと言たずねます。

**お世話になっております。B社の中村です。
△△の件でお電話いたしましたが、
今、○分ほどお時間ちょうだいできます
でしょうか**

↓

4 お礼のあいさつ

時間をとっていただいたことにお礼を言い、電話を切ります。

**お忙しいところありがとうございました。
失礼いたします**

! 相手が電話を切ったのを確認してから、受話器を置きます。相手が切ったかどうかわからない場合は、そっとフックを押して切ります。

●名指し人が不在の場合

予定を聞いた上で、かけ直すか、伝言をお願いするかを判断します。

（かけ直すとき）

**承知しました。それでは14時過ぎに
改めてご連絡いたします**

（伝言をお願いするとき）

**では、恐れ入りますが、
伝言をお願いできますでしょうか**

（折り返しの電話をお願いするとき）

**恐縮ですが、お戻り次第、B社の中村まで
ご連絡をいただけるようお伝えいただけ
ますでしょうか**

スマホでの電話のマナー

POINT

スマートフォン（以下スマホ）で仕事の話をする際は、**情報漏えいに十分注意する必要があります。**周囲には不特定多数の人がいることを忘れてはいけません。

✕ Bad 大きな声で仕事の話をする

- 具体的な会社名、個人名、商品名などを話す。
- 人が大勢いる場所（駅やショッピングモール、オフィス街など）で、込み入った仕事の話をする。

○○会社の新製品の見積り、△△△万円じゃダメですかね。

○ Good 周囲に配慮して手短に話す

申し訳ございません。ただいま外におりますので、社に戻り次第、折り返しご連絡いたします。

◆乗り物内で使用しない

電車やバスなどの乗り物の中で、電話をするのはマナー違反。

◆個人のスマホにかけるときは配慮を

緊急でかける場合は、時間帯に配慮を。就業時間外の早朝や夜遅い時間にかけるのはマナー違反です。

人気のない場所で、小さな声で簡潔に話を

スマホや携帯電話は、どこでも電話を受けたり、かけたりできる便利なものですが、街中で使用する場合は注意が必要です。街中は騒がしいため、どうしても大きな声になりがちですが、仕事の電話には会社の機密情報が含まれることがあります。**話すときは、人気がいない場所に移動して、小さな声ですぐに用件をすませることが大切です。**

また、会社で支給されているスマホなどは、いつでも対応できるよう、電源は切らないようにします。電話番号登録がされていない人からの電話も、社外の人からの可能性もあるので、とりあえず出ましょう。

スマホにかかってきたとき

仕事の電話が、個人または会社支給のスマホや携帯電話にかかってきたときは、情報漏えいに注意して話します。

ココに注意！

- 大声で話さない。
- 歩きながら話さない。
- むやみに、具体的な会社名、個人名などを言わない。
- 進行中の案件（プロジェクトや新商品開発など）について話さない。
- 具体的な価格交渉などをしない。

移動中にかかってきたとき

電車などでの移動中は、電話が鳴っても出ないのが基本。次の駅で降りる、または目的地に着いてから電話を。その際、「先ほどは移動中で電話に出ることができず、申し訳ございません」と、ひと言添えます。

マナーモードが基本

周囲に迷惑がかからぬよう、常時マナーモードにし、会議中など電話に出られない時間が終わったら、こまめに着信をチェックしてクイックレスポンスを心がけます。

One point アドバイス

イヤホンマイク

イヤホンマイクを使っての会話は、両手が使えるためメモしやすく便利です。しかし、両耳にイヤホンが入っていることで周囲の音があまり気にならず、会話にも集中できるため、気づかないうちに声が大きくなっていることもあります。

人気がないところでも、建物内に声が反響して大きくなるところは危険です。外で話すときは、十分注意しましょう。

こんなときは？

スマホの番号を聞かれたら

個人所有のものは、イヤなら教える必要はありませんが、仕事で必要な場合は上司や先輩に相談しても。最終的には自分の判断になります。

なお、取引先の人に「緊急だから○○さんの携帯番号を教えてほしい」と言われても、勝手に教えるのはNG。「申し訳ございません。至急○○より連絡を入れるように申し伝えます」と言いましょう。

相手のスマホにかけるとき

**相手のスマホにかけるときは、固定電話へかけるとき以上に、
相手への配慮やマナーが重要です。**

ココに注意！

- かける前に、スマホや携帯電話にかけてよいか確認する。
- かける時間帯に配慮する。
- かけるのは緊急時のみにする。
- 価格の確認など、相手が外では話しにくい内容は避ける。

事前に了解を得た相手だけに

ビジネスでは、いきなり相手のスマホや携帯電話にかけるのは失礼に当たります。例え名刺に携帯番号が記載されていても、「緊急時などは、携帯におかけしてもよろしいですか？」と、事前に確認しておきましょう。

電話で話せる状況か確認

相手はどこで電話をとっているかわかりません。まずは、「ただいま、お話できるご状況でしょうか」と、確認してから話すようにします。

また、電話をかける時間帯は、早朝や夜遅い時間は避けましょう。

会社の人から番号を聞いたとき

突然、番号を教えていない人からかかってくると、相手は警戒したり驚いたりします。緊急で電話をかける際は「外出先にまでお電話してしまい申し訳ございません。緊急の用件だったため、御社の鈴木様より携帯の番号を教えていただきました」と、ひと言添えると、相手は安心します。

留守電ならメッセージを残す

無言で切らず、メッセージを残します。その際、会社名、名前、用件を必ず入れます。最初に、「田中様のお電話でお間違いないでしょうか」と確認をしてから、「B 社の中村です。○○の件でご連絡しました。15 時に改めてご連絡いたします。失礼いたします」と言うと、ていねいです。

自分のスマホからかけるとき

**仕事の話は、基本的に会社の固定電話で話すようにします。
自分のスマホからかけるときは、情報漏えいに注意しましょう。**

ココに注意！

- 人気がいない静かな場所からかける。
- 大声で話さない。
- 必ず立ち止まって話す。
- むやみに、具体的な会社名、個人名などを言わない。
- 進行中の案件（プロジェクトや新商品開発など）について話さない。
- 具体的な価格交渉などをしない。

周囲に仕事関係者がいることも

世間は狭いもの。人混みを避けて話していても、たまたま通りかかった人がライバル会社の人だったり、仕事の関係者だったりすることもあります。「壁に耳あり。障子に目あり」、人気があまりないからといって、油断は禁物です。

会社への報告はできれば帰社してから

コンペの内容や、営業の進捗状況など、早く報告したいものでも、会社などの固有名詞や、仕事の内容が関わってくる話なので、できれば会社に戻ってから上司に報告するようにします。

スマホ こんなことにも気をつけて

メールと同じていねいな文言で

LINE や SMS などの対話アプリで社内や取引先と連絡をとり合う場合は、ビジネスメール同様にビジネス用語や敬語を使います。目上の人にスタンプは原則NG。

遅刻・欠勤は電話で伝える

遅刻や欠勤は電話連絡が基本。電話で理由と謝罪の気持ちを伝えることが、社会人の最低限の常識です。LINE やメールでの連絡は NG です。

ビジネスメールを送るとき

✕ Bad メールの内容が相手に伝わらない

- 要点がまとまっていない。
- 何が言いたいのかわかりにくい。
- 日時・場所・内容など、重要なポイントを書き忘れている。
- 敬語の使い方が間違っている。

こないだの
案件？　先方？
最初の予定どおり？
いったい何のこと？

メール文「こないだの案件ですが、先方から“最初の予定どおりにしてほしい”と返事がありましたので、そのとおりにしてください」

○ Good 簡潔でわかりやすい文面

依頼

件名：【A社】10月3日（水）プレゼンテーションの案件

●経過報告
昨日、A社より“提案書ver.1”に沿って作業を進めてほしいというお申し出がありました。
つきましては、御社にて作業をスタートしていただけますでしょうか。

5W1Hを端的に伝えるのがポイント。

◆急ぎの用件は電話で

メールは相手に読まれているかどうかわからないため、確実に伝えたい急ぎの用件は電話を入れるようにしましょう。

◆クイックレスポンスを心がける

相手からのメールを読んだら、すぐに返信をするのが基本マナー。質問や問い合わせの内容は、早めに対応します。

POINT

メールは、ビジネスに不可欠なツールです。的確で読みやすいメールを送ることで効率よく業務が進み、行き違いも起きにくくなります。

長文を避け、簡潔でわかりやすい文面で

メールはとても便利なツールですが、文字だけのやりとりとなるため、失礼な文面で送ると相手に不信感を与えてしまいます。だからこそ、ビジネスメールは正確でわかりやすく、失礼がない文面で送ることが大切です。

多忙な相手に時間をとらせないためにも長文は避け、必要事項や結論を最初に伝えるのがポイント。1案件あたり1文書とし、ひと目で用件がわかる件名をつけます。

メールは、一度送ってしまうと取り消しがききません。送信前に誤字脱字などのチェックはもちろん、命令口調の文面になっていないか、上司に見てもらうとよいでしょう。

ビジネスメールの基本フォーマット

❶ **宛先：** 名前で設定する場合は、「△△食品　鈴木様」と敬称にします。

❷ **CC：** 先方が２名以上の場合や、社内の人と情報共有する場合に使います。

❸ **件名：** ひと目で内容がわかるものに。【 】で囲むと強調できます。また、最後に（○○会社　佐藤）と、社名と名前を入れてもよいでしょう。誰からのメールかすぐにわかります。

❹ **添付：** 添付ファイルは2MB以内に。

❺ **宛名：** 会社名・部署名・名前の順で。2 行以内で収めます。やりとりが多い相手なら、名前だけでもかまいません。

❻ **あいさつ：** 時候のあいさつや「拝啓」などの頭語は不要。あいさつに続けて、社名と名前を名乗ります。

❼ **署名：** 社名・名前・連絡先を入れます。

送信	宛先	hajime.suzuki@ △△ co.jp ❶
	CC	tanaka@ ○○ .co.jp ❷
	件名	【日時調整のお願い】新商品サンプルの件 ❸
	添付	サンプル画像（JPEG）❹

❺ △△食品株式会社
商品開発部　鈴木一様

❻ いつもお世話になっております。
○○商事の佐藤でございます。

先日はありがとうございました。
新商品の商品サンプルが本日届きましたので、
弊社・田中とともにご説明に伺いたいと存じます。
念のため、サンプル画像も添付いたします。

つきましては、お忙しいところ大変恐縮ですが、
6月中でご都合のよいご訪問日時をご指定くださいませ。
どうぞよろしくお願い申し上げます。

～～～～～～～～～～～～～～～～～～～～～～～～～～～～～

❼ ○○商事株式会社
商品仕入部　佐藤翔
〒 000-0000　東京都千代田区神田神保町 0-0-0
TEL：03-××××-××××　　FAX：03-×××-××××
MAIL sho.sato@○○.co.jp
URL　http://www.×××-××××

送信前のチェック項目

メールを書き終えた後は、必ず全文を読み返し、以下の項目をチェックしましょう。

- □宛先に間違いがないか
- □宛名の社名・部署名・名前に間違いがないか
- □伝えたい内容が入っているか
- □敬語の間違いがないか
- □誤字・脱字や漢字の変換ミスがないか
- □目上の人に対して失礼な表現がないか
- □署名がきちんと入っているか

社外向けメール例　問い合わせの返信

❶件名： 返信ボタンをクリックして、件名を変えずに送ります。そのまま返信したほうが、相手に何の返信かすぐにわかるからです。

❷「引用」を使って返信する： 相手からのメールでの問い合わせに引用符「>」を使って返信すると、ピンポイントで質問に回答でき、わかりやすくなります。

❸問い合わせの回答： できるだけ簡潔に必要なことだけを書きます。

❹結び： 「ご検討の程、どうぞよろしくお願いいたします」「ご連絡をお待ちしております」などでもOK。

送信	宛先	t-yamamoto@△△.co.jp
	CC	tanaka@○○.co.jp
	件名	Re:【渋谷プロジェクト】説明会お問い合わせの件 ❶
	添付	

株式会社△△
販売促進部　山本様

いつもお世話になっております。
○○商事の佐藤でございます。

このたびは弊社プロジェクト説明会につきまして、
お問い合わせをいただき、誠にありがとうございます。

❷ ＞当日は出席者が３名になってもよろしいでしょうか？

❸ 大変申し訳ございません。
会場の都合上、１社につき２名様までのご出席をお願いしております。
ご出席の方が決まりましたら、事前にお名前を頂戴できれば幸いです。

❹ 当日お会いできるのを弊社一同楽しみにしております。
勝手を申しますが、何卒よろしくお願いいたします。

～～～～～～～～～～～～～～～～～～～～～～～～～～～
○○商事株式会社
商品仕入部　佐藤翔
〒000-0000　東京都千代田区神田神保町0-0-0
TEL：03-××××-××××　FAX：03-××××-××××
MAIL sho.sato@○○.co.jp
URL　http://www.×××-××××

転送するとき

件名や転送する文章は変えない

件名は変えません。転送する文章は、加工や編集なしで送信します。

引用文の前には、転送理由を

メールの冒頭には、「○○の件、以下のように変更になりました。詳細を転送いたします」などと、転送の理由を書きます。特に、対応を必要としていない場合も「参考までにお送りいたします」などと入れましょう。

社内向けメール例　社内ミーティングの案内

❶ **宛先：**送り先の中でもっとも役職が高い人を「宛先」にし、それ以外は CC に。

❷ **CC：**社内の人であっても、アドレス登録名は敬称にします。

❸ **件名：**【　】などで囲むことで強調でき、目的を明確にできます。

❹ **あいさつ：**社内の場合は「お疲れ様です」が定番。

❺ **本文：**最初に何のためにメールを送ったのか、簡潔にまとめて知らせます。

❻ **本文：**日程のすり合わせが必要な場合は、必ず期日を明記して返答をお願いします。

送信	宛先	営業二課　山本課長 ❶
	CC	営業二課　山田様、高橋様 ❷
	件名	【要返信】新商品ミーティングの件 ❸
	添付	

各位

❹ お疲れ様です。
商品仕入部の佐藤です。

❺ △△食品様にご提案中の新商品につきまして、
以下の要領でミーティングを行います。

＝＝＝＝＝＝＝＝＝＝＝＝＝＝＝＝＝＝＝＝
●日時
9 月 20 日（木）16:00 ～

●場所
本社 3 階 B 会議室
＝＝＝＝＝＝＝＝＝＝＝＝＝＝＝＝＝＝＝＝

❻ ご都合が悪い場合は、9/18（火）17:00 までに
佐藤までご連絡をお願いいたします。

よろしくお願いいたします。

～～～～～～～～～～～～～～～～～～～～～～～～～～～～～
○○商事株式会社
商品仕入部　佐藤翔
〒 000-0000　東京都千代田区神田神保町 0-0-0
TEL：03-××××-××××　FAX：03-××××-××××
MAIL sho.sato@○○.co.jp
URL　http://www.×××-××××

こんなことにも気をつけて

誤解を招く表現に注意

「本日中にご回答をお願いいたします」
➡今日の何時までに回答がほしいのかがあいまい。**「本日午後 5 時までに」**など、具体的に書きます。

「いくつかアイデアをいただけますか」
➡ほしい数が 2 個なのか、3 個以上なのかわかりません。**「3 個以上アイデアをいただければ幸いです」**と、具体的な数字を挙げます。

ビジネス文書の基本ルール

POINT

きちんと作成したビジネス文書は、相手に信頼感や安心感を与えます。結果として業務がスムーズに進み、ビジネスパーソンとしての評価も上がります。

Bad　ビジネス文書を我流でつくる

- ビジネスマナーにのっとった頭語・結語やあいさつがない。
- 敬語が使いこなせない。
- 何が言いたいのかわかりにくい。
- 情報漏えいに当たる内容がある。
- 伝える情報に漏れがある。

送信！
いい感じで出来た！

Good　社内のひな型を活用して作成

社内のひな型を参考に作成してみました。確認をお願いいたします。

◆似たひな型で作成

過去によく似た目的で作成された文書が社内にないか、上司や先輩に聞いて入手。参考にできる部分は真似て作成します。

◆上司のチェックを受ける

似た文書が社内にない場合は、他社の文書や文例集などを参考に。最後に必ず上司のチェックを受けます。

誰が読んでも同じ内容と理解できる文面で

ビジネス文書は、仕事で関わる相手に向けて正確な情報を提供したり、契約内容を提示したり、質問に回答するなど、さまざまな業務で使われる**オフィシャルな文書**です。そのため、正確で簡潔な、誰にでもわかりやすい文面でなくてはなりません。

また、**ビジネス文書には細かな業務内容を記録・保存する役割も**あります。ビジネス文書を確認することで、どのような情報を発信したのか正確に知ることができ、トラブルが起きたときの証拠にもなります。

ビジネス文書には定型があります。社内のひな型があれば、入手して応用すると、スムーズに作成できます。

ビジネス文書作成のポイント

件名は目的を明確に

件名は「案内状」「依頼状」「礼状」など、何を目的とした文書なのか、ひと目でわかるものにします。

1文書につき1用件

1つの文書には、用件は1件が原則。2つ以上の用件を書くと、主旨がわかりにくく、後で混乱を招きやすくなります。

簡潔に要点をまとめる

文章は短めに要点をまとめます。1ブロックが長いと読みづらく感じるため、内容の変わり目で改行するようにしましょう。

記書きを念入りに確認

案内状や通知状には、日時・場所・問い合わせ電話番号などを記した「記書き」をよく用います。

個人の意見や感想はNG

ビジネス文書は会社全体の意思表示をするもの。そのため、個人の意見や感想を入れるのはNGです。

結論を最初に述べる

主文では、結論を先に書き、その結論に至った理由や詳細を続けて記すようにします。

誰が読んでも同じ内容に

必要な情報を正確に、漏れなく記載します。あいまいな表現を避け、誰が読んでも理解できる文面にします。

正しい敬語で

社外文書は、全て敬語で統一します。社内文書は「です・ます」で終わる丁寧語を使います。

A4サイズ、1行30字程度で

サイズはA4、文字の色は黒が基本。上下左右に余白を取り、1行30文字程度に整えます。

プリントアウトしてチェック

ビジネス文書に間違いは許されません。送る前にパソコン上だけでなく、プリントアウトして確認しましょう。

社内文書と社外文書

ビジネス文書は社内文書と社外文書に大きく分かれます。

社内文書

業務を円滑に進めるために、社内で交わされる文書です。正確・簡潔であることが第一なので、あいさつは省略するのが一般的。

社外文書

取引先など社外に向けて広く告知するための文書です。内容によっては会社のイメージを左右するほどの影響力があります。

ビジネス文書の基本フォーマット

× Bad 間違った情報を伝える

- 日時・場所・金額などを間違える。
- 連絡先がわからない。
- 不明瞭な内容がある。
- 文書の目的がよくわからない。

場所が間違っているぞ！
会場関係者
「問い合わせが殺到して迷惑！」

○ Good 正確な情報を端的に伝える

宛先、敬称、日時、場所、誤字脱字はないな。これでOKだ！
CHECK

◆送る前に必ずチェック

文書は一度出すと取り戻すことはできません。社外へ出す文書は、必ず上司のチェックを受けましょう。

◆日時・場所・金額は繰り返し確認

正確な情報をできる限り箇条書きにすること。特に日時・場所・金額には注意が必要です。

POINT

ビジネス文書は**定型文や慣例に従うこと**で信頼性を増していくもの。相手への敬意を伝えながら情報を発信し、情報共有を図ることができます。

頭語・結語、あいさつは決まった言い回しで

情報を相手に正確かつ簡潔に伝えるのがビジネス文書の基本。まわりくどい表現は避け、ひと目で日時や場所、金額がわかるようにします。社内の基本フォーマット（ひな型）があれば、それに従います。

社外に出す文書は、前文＋主文＋末文という構成で作成します。前文は「拝啓」などの頭語、感謝のあいさつの順で書きます。主文は最初に結論を述べ、続いて理由や背景を端的に説明します。末文は結びのあいさつと結語で締めます。頭語と結語には決められたセットがあるので注意。「記書き」がある場合は、結語の後に箇条書きでまとめます。

ビジネス文書の基本フォーマット

❶ 平成○年○月○日

❷ お取引先各位

❸
○○商事株式会社
営業企画部　落合潤一
東京都千代田区○○○○
TEL：03-××××-××××
FAX：03-××××-××××
MAIL：ochiai@○○.co.jp

❹ 新商品発表会のご案内

頭語

❺ 拝啓　時下ますますご盛栄のこととお慶び申し上げます。
平素より当社社業に格別のお引き立てを賜り、厚く御礼申し上げます。

❻ 　さて、このたび当社にて今年度下半期より販売を開始する△△シリーズの発表会を開催いたします。
　当日はデモンストレーションを予定しておりますので、ぜひ間近でご覧いただけたらと思います。

　ご多用とは存じますが、ご参加の程、何卒よろしくお願い申し上げます。

敬具

結語

記

❼ 1. 日時　　平成××年×月×日（火）　13時より
2. 場所　　○○商事　第1会議室
3. ○○○
4. ○○○

❽ 以上

❶ 日付：
文書を作成した日付ではなく、発信する日付です。ビジネス慣習により、元号で書くのが原則。

❷ 宛先：
複数の相手には「各位」「皆様」。特定の相手の場合は会社名・部署名・名前にします。

❸ 差出人名：
会社名、部署名、氏名、住所、電話、メールアドレスを入れます。

❹ 件名：
ひと目でわかる具体的な件名にします。

❺ 前文：
頭語＋あいさつを入れます。頭語は結語とセットで使うものです。

❻ 用件：
「さて」「ところで」などの言葉を入れて本題に入ります。

❼ 記書き：
用件の詳細を箇条書きで記載します。

❽ 記書きの締め：
「記」書きの締めくくりとして「以上」を入れます。

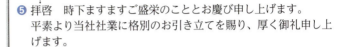

社外文書事例　見積書

見積書は、会社によってフォーマットが決まっていることがほとんどですが、いずれにしても、金額や内容に誤りがないように確認をし、さらにプリントアウトして上司や先輩にもチェックしてもらいましょう。

平成○年○月○日

株式会社○○
庶務部　△△様

○○株式会社
営業部　吉田和人㊞ ❶
東京都千代田区○○○○
TEL：03-××××-××××
FAX：03-××××-××××
MAIL：yoshida@○○.co.jp

複合機「AVC シリーズ」お見積りの件

拝啓　時下ますますご清栄のこととお慶び申し上げます。

さて、このたびは弊社にお見積りをご依頼いただき、誠にありがとうございます。
下記のとおり、お見積り申し上げます。

❷ ご高覧の上、何卒ご用命くださいますようお願い申し上げます。

敬具

記

❸ お見積り金額：○○○,○○○円（税込）

商品内訳　：複合機 AVC シリーズ 5 台
納品日　：○○年○月○日（水）
支払条件　：現品到着後、○日以内にお振り込み
配送費　：弊社負担

以上

❶ 金銭のやりとりに直接関わる文書（見積書、請求書、領収書など）には印鑑を押します。社印と個人印のどちらを押印するかは、会社のルールに従います。

❷ 見積りの依頼を受けたことに対し、まずお礼を述べます。

❸ 文書の目的である見積り金額は大きい文字で目立たせます。税込・税抜のいずれかを明記することを忘れずに。

★見積書に関しては、会社規定の形式や経理システムの出力票を定めている企業が少なくありません。別の帳票を添付するときは、記書きに「別添資料をご参照ください」と記載します。

頭語と結語

頭語と結語は文書の格式を高めるために使われます。決まった組み合わせがあるので間違えないように。

頭語	結語	
拝啓	敬具	一般的には、これを使います。
謹啓	敬白	改まった文書に使います。
恭啓	謹言	
前略	早々	時候のあいさつなどを入れない略式の文書に使います。
拝復	敬具	返信するときに使います。

社外文書事例　詫び状

お詫びは、スピードが最優先。直接伺ってお詫びをするのが基本です。迅速な対応を行った後、改めて書面で事情説明と謝罪の気持ちを伝えます。文中には、同じ過ちを犯さない解決策を示すことが重要です。

平成○年○月○日

株式会社○○
管理部　△△様

○○株式会社
営業部　本田里香
東京都千代田区○○○○
TEL：03-××××-××××
FAX：03-××××-××××
MAIL：honda@○○.co.jp

『ベアリング BFG-20』不良品混入のお詫び

拝啓　時下ますますご清栄のこととお慶び申し上げます。平素は格別のご高配を賜り、厚く御礼申し上げます。

❶　さて、○月○日に納品いたしました『ベアリング BFG-20』に一部不良品が混入していた件につきまして、ご報告とお詫びを申し上げます。

弊社社員が現地にて確認いたしましたところ、ご指摘のとおり不良品４個が認められました。誠に申し訳ございません。

❷　ただちに不良品を回収し、正常品にお取替えする手配をいたしました。貴社には大変なご迷惑をおかけしましたことを、謹んでお詫び申し上げます。

❸　今後はこのような事態が起きないようチェック体制を見直し、再発防止に努めて参ります。何卒今後も変わらぬご愛顧を賜りますよう、お願い申し上げます。

まずは書中をもって、お詫びとご報告を申し上げます。

敬具

❶ミスや不始末が発生したときは、ただちに問題解決に当たったことを報告し、丁重にお詫びの言葉を述べます。

❷解決策を提示し、すぐに解決したことを報告します。まだ解決できていない場合は、「○日までに解決する」と期限を明記します。

❸今後同じミスが発生しないための防止策を述べた後、今後の愛顧をお願いします。

ビジネス文書での呼称の使い方

文中で、相手側と自分側を区別する言い方を覚えておきましょう。

	自分側	相手側
承諾	承諾、承る	ご承諾
受け渡し、授受	受領、拝受	ご査収、お納め
力を尽くす	微力	ご尽力
見る	拝見	ご高覧
品物	心ばかりの品、粗品	結構なお品、ご佳品

社内文書事例　慰労会のお知らせ

歓送迎会のフォーマットは、新年会、忘年会、社内イベント（お花見、ボーリング大会など）にも応用できます。問い合わせ先として、幹事や担当の名前、内線番号、メールアドレスを必ず入れます。

平成○年○月○日

総務部各位

総務部有志

❶ 坂本知子さん慰労会のお知らせ

❷　長年、私たち総務部を力強く支えてくださった坂本知子さんが、○月○日をもって定年退職されます。細かな質問にもていねいに答えてくださる坂本さんの笑顔に、助けられた方は多いのではないでしょうか。

つきましては、坂本さんのこれまでの会社への貢献に感謝の気持ちを込めて、ささやかな会を催します。第二の人生をスタートされる坂本さんを、皆さんでにぎやかにお祝いしたいと思いますので、奮ってご参加ください。

❸ **出欠のお返事は、○月○日までに横井（内線497）までお願いいたします。**

記

❹ 1．日　時　平成○年○月○日　19時～21時
2．場　所　海鮮居酒屋「あらなみ日本海」
住所：神田神保町○－○－○
ＴＥＬ：××××－××××
URL：http://www.toretore××××
3．会　費　6,000円
※会費には花束代と記念品代を含みます。
❺ 4．お問い合わせ先　総務部・横井（内線４９７）
yokoi@○○○.co.jp

以上

❶ 件名は、ひと目でわかるものにします。

❷ 社内向け文書のため、頭語・結語やあいさつは必要ありません。

❸ この文書の目的は、出席人数の把握です。期日と連絡先を太字にするなど、目立つように明記します。

❹ 記書きに慰労会の日時・場所・会費などを記します。

❺ 問い合わせ先として、担当者名と内線番号やメールアドレスを書きます。

社内文書のポイント

社内の人を対象にした文書なので、「拝啓・敬具」などの頭語・結語、時候のあいさつは必要ありません。また、尊敬語ではなく、丁寧語を使って作成します。

社内文書の種類

指令、命令をするもの	辞令、通達文、指示文
報告や届け出をするもの	報告書、申請書、企画書など
連絡、調整などをするもの	回覧文、案内文、照会文など
記録するもの	議事録

社内文書事例 議事録

社内文書としての議事録は、社内で行われた会議の内容や議決結果をまとめ、社内や部署で共有するものです。出席しなかった人にも内容がわかるように、正確かつ端的に記すことが重要です。

平○-3-営-10
❶ 平成○年○月○日

出席者各位

記録者　営業部　樋口美月

❷ 平成○年○月営業部定例会議　議事録

1.日　時　平成○年○月○日（月）16時～18時

2.場　所　本社・第3会議室

❸ 3.出席者　黒田営業部長、橋本営業一課長、
吉野営業二課長
営業一課・田中、白石、大山
営業二課・氷室、丸井、樋口
（欠席者：営業一課・高橋）

❹
4.議　題　（1）月例報告
田中・氷室／今月の業績報告と来月の予算
（2）展示会の準備室立ち上げ

5.決定事項　（1）展示会の企画案出し⇒全員○月○日まで
（2）役割分担決定
全社ミーティング出席者：田中
1現地説明員：大山、丸井、樋口

❺ 6.配布資料　展示会資料（PDF）欠席者にも配布済み

7.次回予定　○月○日（月）　16時～18時
本社・第3会議室

❶ 発信日を書きます。文書番号（下記参照）を入れる場合もあります。

❷ 何の議事録かがひと目でわかるようにします。定例会議の議事録は、「○年○月」「第○回」などをはじめに入れると、よりわかりやすくなります。

❸ いつものメンバーであっても、役職名と氏名を書いておきます。欠席者も忘れずに。

❹ 議事録で重要なものは、議題と決定事項。会議での決定事項を全員で共有します。

❺ 配布資料は欠席者にも必要です。議事録に記しておくことで、欠席者にも配布資料があったことがわかります。

文書番号

社内文書の場合、作成した文書が、いつ、どこの部署から何番目に発信されたかがわかるよう、「文書番号」を入れることがあります。一般的には、発信部署の略名、発信年度、当該年度または当該月の発信順の番号を並べたものが多いようです。例えば、「平 31-4-営-16」は、営業部が平成31年4月に発信した16番目の文書というもの。会社によっては使用していないところもありますが、社内文書を作成するときは、文書番号を入れるのかどうか、確認するとよいでしょう。

手紙のマナー

POINT

直筆で送る手紙には、メール以上に**気持ちを伝える力があります。**手紙を上手に使いこなすと、「マナーをわきまえた人」という評価につながります。

✕ Bad くだけた文面で書く

- 頭語・結語やあいさつがない。
- 敬語が間違っている。
- 誤字・脱字が多い。
- 仕事とは関係のない内容を書く。
- 雑な字で書く。

何だかなぁ。友だちじゃないんだけどな。
今後もヨロシクゥ〜

○ Good 形式に沿った礼儀正しい文面で書く

先日は大変お世話になりました。

◆手頭語や時候のあいさつを入れる

手紙には、必ず頭語・結語、時候のあいさつ（P.96参照）を入れます。

◆手書きは1字1字ていねいに

手書きの場合、達筆である必要はありません。1字1字ていねいに書けば、誠意は伝わります。

メールよりもていねいで心が通いやすい手紙

手紙は封書に入れて送るため格式が高いとみなされ、会社行事への招待状や代表者の変更など、重要な連絡事項に利用されます。

仕事でお世話になった人への礼状は、ビジネス文書やメールではなく、手書きの手紙で送ると、相手に感謝の気持ちが伝わりやすく、誠実でていねいな人という好印象をもってもらえるでしょう。**ビジネス文書とは違って手紙には、必ず時候のあいさつ**（96ページ参照）**を入れます。**

なお、会社にいただいた贈答品の礼状や、お世話になった人への**礼状は、時機を逃さず、3日以内に送るのがマナーです。**

手紙の文例　イベントでお世話になった人への礼状

手紙のフォーマットは、「拝啓」などの頭語から始まり、「敬具」などの結語で終わります。また、頭語の次には必ず時候のあいさつを入れます。適切な敬語を使い、お礼の気持ちを素直に綴りましょう。

❶ 頭語・結語とあいさつは必ず入れます。

❷ 時候のあいさつを書きます。頭語のあとに１文字分あけて書くか、頭語の次の行に１文字分あけて書きます。

❸ 手紙の趣旨である主文は、「さて」の言葉から書き出します。

❹ 締めくくりに今後の協力や指導を願う言葉を書きます。

❺ 「まずは書中をもちまして」と書くことで、お礼をいち早く伝えたい気持ちを表します。

❻ 追伸に個人の感想やエピソードを付け加えてもかまいません。

---

❶ 頭語 拝啓　❷ 盛夏の候、ますますご清祥のこととお慶び申し上げます。
平素より格別のご高配を賜り、誠にありがとうございます。

❸ さて、先日の弊社イベントにつきまして、さまざまなご指導をいただき、厚く御礼申し上げます。
平池様をはじめ、株式会社○○○の皆様のご協力のおかげで、無事イベントを終えることができました。社員一同感謝しております。

❹ 今後もお力をお借りすることになるかと存じます。何卒よろしくお願いいたします。

❺ まずは書中をもちまして、御礼申し上げます。

結語 敬具

❻ 追伸　イベント打ち上げパーティーでの感動は、今も胸に残っております。本当にありがとうございました。

便箋と筆記具のポイント

便箋は、白が正式です。改まった内容の場合は縦書きにします。仕事関係の目上の人への手紙は、白の便箋で縦書きに書くとよいでしょう。

筆記具は、儀礼的なものなら万年筆（黒またはブルーブラック）がベストですが、細いサインペンでも。ただし、鉛筆書きはマナー違反。仕事関係者へは、いくら親しくてもカラーサインペンや蛍光ペンで書くのは避けましょう。

封書の書き方

POINT

手紙を送った場合、受取人が最初に目にするのは封筒です。**封筒の表書きや裏書きがマナーに反していると不信感を持たれ、常識を疑われてしまいます。**

✕ Bad 社名・肩書・氏名を間違えている

- (株)(財)(社)などの略称を使う。
- 連名の片方に「様」がない。
- 間違った字を修正液や二重線で消している。
- 切手が料金不足。
- 切手が傾いている、破れている。

課長代理じゃなくて課長なんだけどなぁ。
(株)○○
課長代理○○様

○ Good 昇進などの情報を得て、確認した上で書く

ちゃんと新しい肩書を把握しているな。

◆文字はバランスよく

封筒の表書きの中で、一番大きいのは、人の名前。住所や会社名、役職をバランスよくきれいに書くようにしましょう。

◆社名・肩書・名前はしっかり確認

相手の目につくのは表書きの社名・肩書・名前です。誤字に気をつけ、最新の肩書を入れます。社名や部署名の変更前後は特に要注意。

バランスのよい文字の大きさと配置で

封筒には和封筒と洋封筒があり、それぞれ縦書き・横書きのルールが決まっています。ビジネスの手紙には勤務先の封筒を使うことが一般的です。和洋の選択はそれに合わせましょう。特に改まった手紙を送る場合は、白地の二重の和封筒を使うこともあります。

表書きをする際、気をつけたいのは文字の大きさと配置です。住所・社名・肩書・名前の順に書き、名前を最も大きな字で書くのがマナーです。**(株)などの略称を使ったり、姓だけで名を省いたりするのはNG。**誠意を伝えるためにも、一字ずつ、ていねいに書くようにしましょう。

和封筒の書き方

表書き

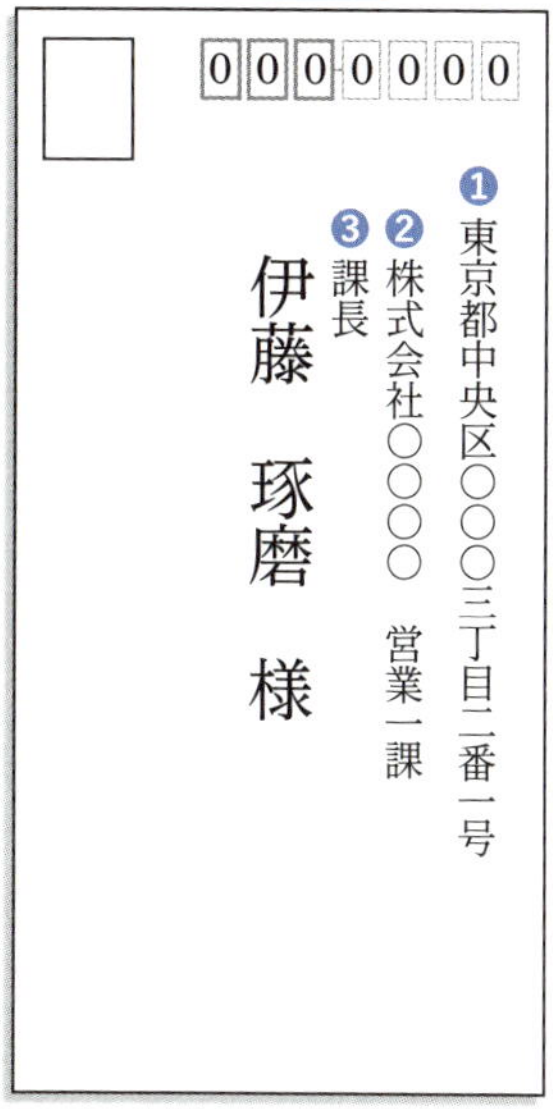
0000000
❶東京都中央区〇〇〇三丁目二番一号
❷株式会社〇〇〇〇　営業一課
❸課長
伊藤　琢磨　様

❶ 住所は2行目以降、頭を1字分下げて書き始めます。

❷ 会社名・部署名は住所よりやや小さな文字で正式名称を書きます。

❸ 役職名は名前の右上にやや小さめに。

裏書き

❶
❷東京都千代田区〇〇〇四丁目五番六号
飯田ビル
〇〇〇〇株式会社　商品仕入部
佐藤　翔
0000000

❶ のりで封印し、「〆」と書きます。

❷ 差出人の住所・会社名・名前は中央より左側に下揃えで。

洋封筒の書き方

表書き

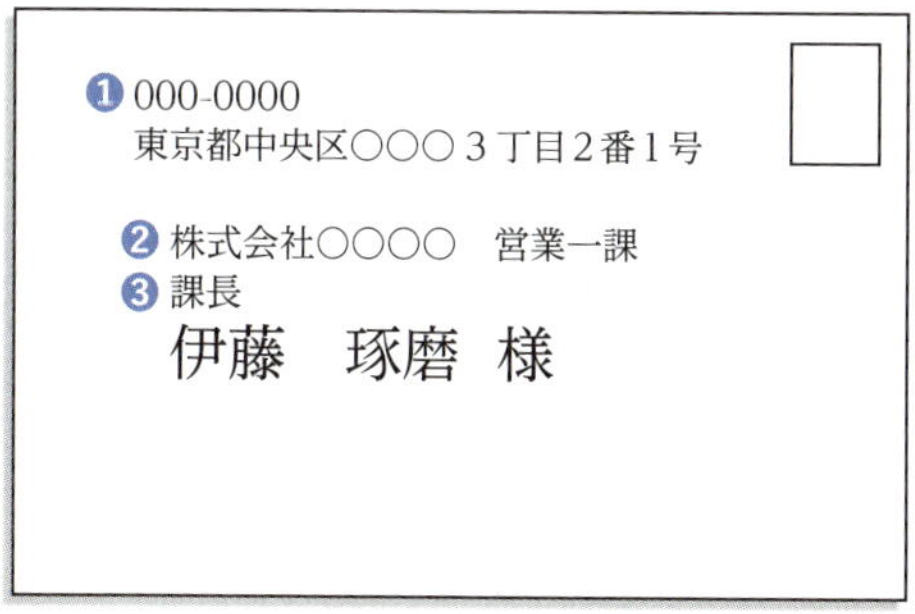
❶000-0000
東京都中央区〇〇〇３丁目２番１号
❷株式会社〇〇〇〇　営業一課
❸課長
伊藤　琢磨　様

❶ 洋封筒の場合、算用数字で統一します。ただし、社名や部署名は正式名称で。

❷ 社名・名前は住所より1文字分スペースをあけて。

❸ 役職名はやや小さめの文字で、名前の上に記します。

裏書き

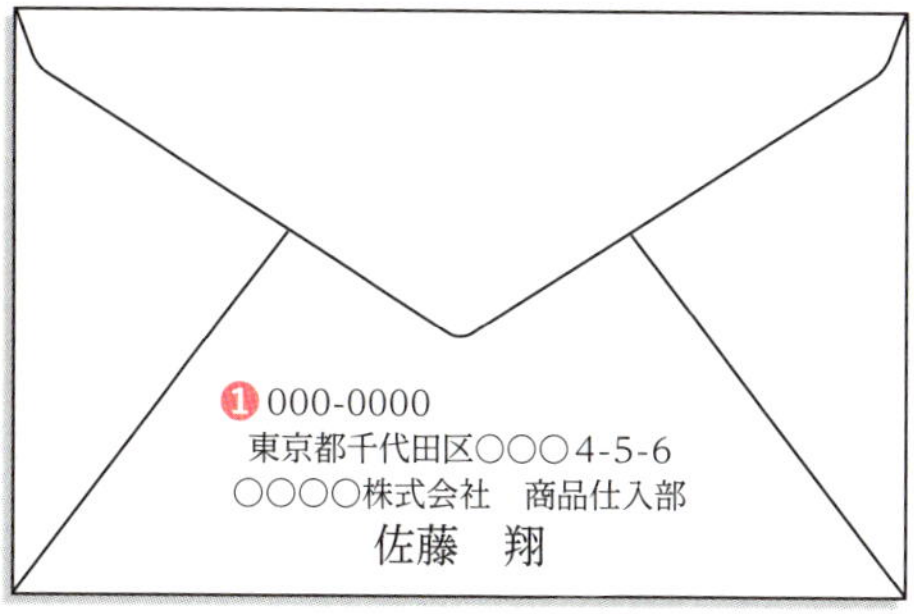
❶000-0000
東京都千代田区〇〇〇4-5-6
〇〇〇〇株式会社　商品仕入部
佐藤　翔

❶ 差出人の住所・会社名・名前は中央下に書きます。

★封はのりで閉じます。

はがきのマナー

POINT

はがきは手軽な通信手段として、昔から季節のあいさつやお礼状、近況報告などに使われてきました。**短いメッセージで親交を深める役割を果たします。**

✕ Bad 紙面のバランスが悪い

- 上下左右に文字が偏っている。
- 文字の大きさがバラバラ。
- 名前が宛名だけ、大きさも小さい。

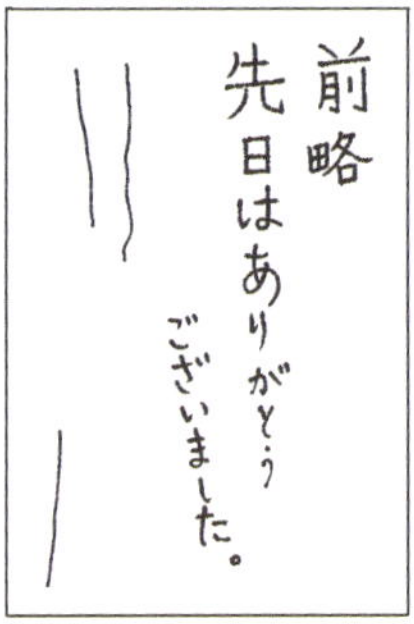
前略
先日はありがとう
ございました。

○ Good 文字がバランスのよい配置になっている

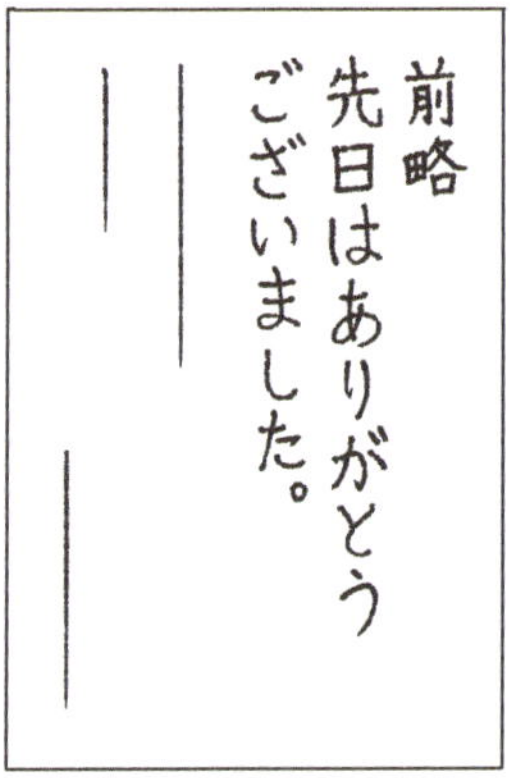
前略
先日はありがとう
ございました。

◆文字にメリハリを

「謹賀新年」など、定型のあいさつ言葉は大きく。メッセージや日付、自分の名前は小さくてかまいません。

◆書き損じたら新しいはがきに

はがきにバランスよく書くのは意外にむずかしいもの。同じ大きさの紙で練習し、それでも書き損じたら新しいはがきに書き直します。修正ペンを使うのはNG。

年賀状やお礼状で日頃の感謝を伝える

はがきは、受取人以外の人の目に触れる可能性があることから、**手紙よりも略式**とされています。とはいえ、手紙同様に、拝啓・敬具などの頭語・結語、時候のあいさつを入れます（年賀状は別）。

手書きで書く場合は、限られたスペースの中に収まる構成を考えてから、バランスよく書きましょう。見た目がきれいに整っていないと、よい印象を与えません。

はがきは手紙よりも手軽に書くことができるので、季節のあいさつや、お礼の気持ちを伝えるのに最適。なお、お歳暮などの礼状はいただいてから3日以内に出すのがマナーです。

はがきの文例

お中元へのお礼状

❶ 頭語・結語、季節のあいさつ、感謝のあいさつは必ず入れます。

❷ 1文字あけて「さて」と起こし言葉をはさみ、本題を切り出します。

❸ 差出人の名前は表面に書いてもかまいません。

❶ 拝啓　炎暑の候、貴社ますますご繁栄のこととお慶び申し上げます。
平素よりお引き立てを賜り、厚く御礼申し上げます。
❷ さて、このたびは大変結構な御品を頂戴し、誠にありがとうございました。いつもお気づかいをいただき、心より感謝しております。
今後とも変わらぬご厚情をいただきますよう、お願い申し上げます。
まずは略儀ながら、御礼申し上げます。
敬具
平成〇年〇月〇日
❸ 〇〇商事株式会社

取引先の人への年賀状

❶ 目上の人に使う賀詞は、「謹賀新年」「明けましておめでとうございます」。

❷ 昨年のお礼と今年の厚誼を願う言葉を入れます。

❸ 元旦に届けられない場合は、「平成（元号）〇年」のみで。

❹ ビジネスでのおつき合いは社名も入れます。

❺ ひと言メッセージを加えると、親近感が高まります。

❶ 謹賀新年
❷ 旧年中は大変お世話になりました。
本年もどうぞよろしく
お願い申し上げます。
❸ 平成〇年　元旦
❹ 〒〇〇〇-〇〇〇〇
東京都杉並区〇〇〇
佐藤　翔
（〇〇商事株式会社）
❺ 昨年は、新プロジェクトで大変お世話になりました。
今年もご指導の程、よろしくお願い申し上げます。

NG 年賀状のワード

●目上の人に「迎春」「賀正」はNG
「迎春」、「賀正」は、どちらもていねいな言葉ではありません。目上の人には、「謹んで」や「～ございます」など敬語が入った賀詞にします。

●1日に届く賀状のみ「元日」「元旦」
「元日」は1月1日、「元旦」は1月1日の朝のこと。1月1日に届かない年賀状には入れないようにしましょう。

●7日以降の到着は寒中見舞いに
年賀状が届いたら必ず返礼します。ただし、松の内（1月1日～7日）を過ぎて相手に届きそうなら、「寒中見舞い」とします。

Column

出欠はがきを出すとき

出欠はがきを出すときは、毛筆や筆ペン、万年筆（黒インク）、サインペン（黒）で書きます。「ご」「御」「芳」の文字には二重線を入れるのがマナー。会社宛てに届いた場合は、社名、部署名、氏名を書きましょう。

NG ・ボールペンや鉛筆で書いて出す。

オモテ

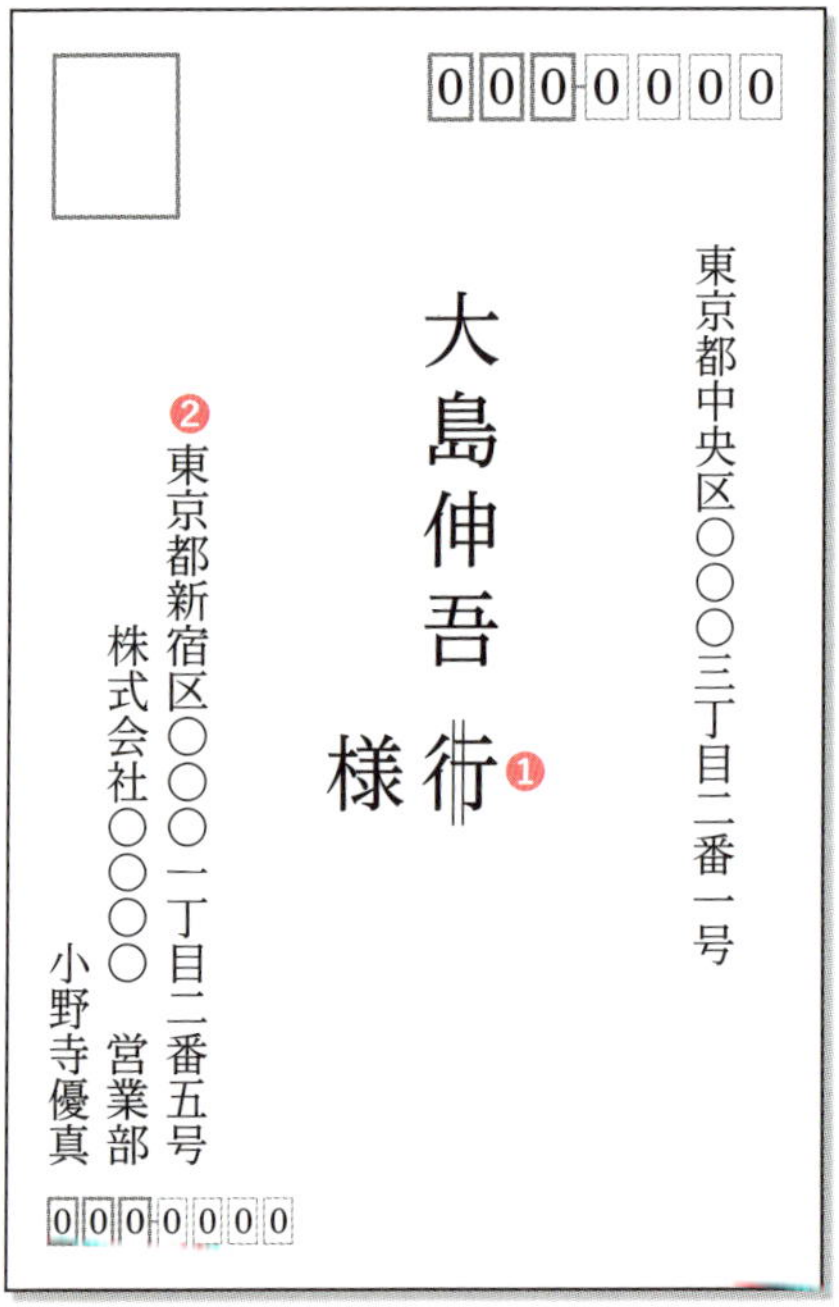

000-0000
東京都中央区〇〇〇三丁目二番一号
大島伸吾
行
様
❶
❷
東京都新宿区〇〇〇一丁目二番五号
株式会社〇〇〇〇 営業部
小野寺優真
0000000

ウラ

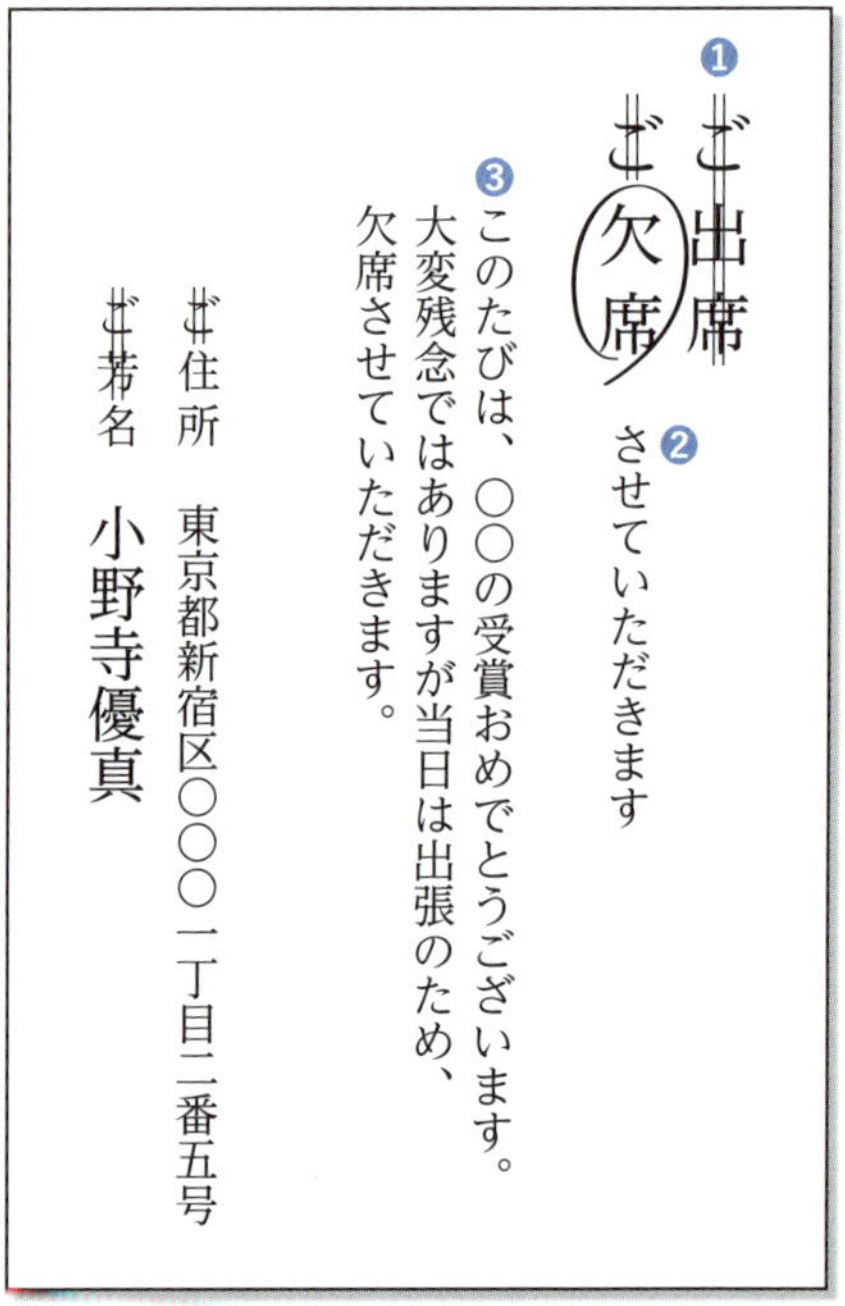

❶
ご出席
ご欠席
させていただきます
❷
❸
このたびは、〇〇の受賞おめでとうございます。
大変残念ではありますが当日は出張のため、
欠席させていただきます。
ご住所 東京都新宿区〇〇〇一丁目二番五号
ご芳名 小野寺優真

❶「行」を二重線で消して、横に「様」と書く

❷ 住所、氏名（会社宛ての場合は社名、部署名）を書く

❶ 出欠のいずれかにマルをつけ、「ご」「ご芳」には二重線を入れる

❷「させていただきます」を書き添える

❸ メッセージと、欠席の理由を簡単に書く。

基本5

来客応対&訪問のマナー

お客様への応対のしかた、訪問先でのマナーが、
会社のイメージに大きく影響します。
会社の顔として、イメージアップに
つながるふるまいをしましょう。

来客応対のマナー

✕ Bad 来客に気づいても無視をする

- 無愛想な対応をする。
- 大声で担当者を呼ぶ。
- 来客を長時間待たせる。

○ Good すぐに席を立ち、出迎えのあいさつをする

◆**笑顔で、ていねいに応対**

明るい笑顔、ていねいな言葉づかいで、歓迎の気持ちを表しましょう。

◆**担当者へスマートに取り次ぐ**

会社名、名前、アポイントの有無などを聞き、担当者に取り次ぎます。

POINT

訪問先の第一印象は、最初に応対してくれた人で決まります。会社の顔であるという自覚をもって、笑顔でお客様をお迎えしましょう。

感じのよい応対が会社のイメージアップに

会社には、さまざまな人が訪れますが、全ての人が大切なお客様です。**どんな人にも笑顔で感じのよい応対を心がけることが基本です。**出迎えのしかた一つで、会社のイメージがよくも悪くもなるということを忘れてはいけません。来客には、まず「いらっしゃいませ」と、あいさつをします。続いて社名、名前、希望面会者の名前、アポイントの有無などを確認し、担当者に取り次ぎます。

お客様をお待たせしないよう、迅速な対応をすることも大切です。どのような人が来訪するのかを少しでも早く覚えるためにも、率先して応対するとよいでしょう。

来客への応対のしかた

1. あいさつ

来客に気づいたら「いらっしゃいませ」と、すぐに応対する。

↓

2. 確認

社名、名前、面会希望者、アポイントの有無を確認（社名と名前は必ず復唱）。

↓

3. 連絡

担当者に「△△社の〇〇様がお越しになりました」と連絡する。

↓

4. 案内

担当者の指示に従い、応接室やミーティングルームなどに案内する。

基本 すぐに応対し、待たせない！

待たせてしまう場合

**申し訳ございません。あいにく
会議（電話）が長引いております。
もう少々お待ちください**

現状説明をしてお詫びをします。さらに長引くようなら、応接室などに案内して待っていただきます。

担当者が不在なら

不在であることと戻る時間を伝え、来客の意向も聞きます。

**申し訳ございません。ただいま
〇〇（担当者名）は外出しており、
〇時頃に戻る予定です**

来客の意向を確認、次のように言い添えるとていねいです。

**〇〇のご用件で、お見えになった
ことを申し伝えます**

アポイントがない場合

❶社名、名前、面会希望者、来社目的を確認

**恐れ入りますが、
ご用件をお伺いできますでしょうか**

はじめて来社のお客様の場合は、名刺をいただきましょう。

**恐縮ですが、お名刺をお預かり
できますでしょうか**

❷担当者に連絡

約束をしていない来客があることと用件を担当者に伝えます。面談を望まない場合は、「あいにく席をはずしております」など、なるべく相手を不快にさせないような言葉を選んで断ります。

断ることも想定し、担当者が在席していることを前提にした応対をしないように注意します。

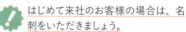

お客様とエレベーターに乗るとき、どうしてる？

T橋、偶然目撃したS沢からこっぴどく注意される…
来客応対のエレベーターはお客様が先！
エレベーターって乗る順番あったんだ…!?
再度 来客応対！
○○会社と申します Y山さまいらっしゃいますか
お待ちしておりました！
お客様が先！
どうぞ！
はい…
最後に自分…
ガシャーン
あ
大丈夫です！
だ大丈夫ですか
気まずい…
アレ??どうすればいいんだろ?
この会社大丈夫か…?

お客様をご案内するとき

POINT

お客様の案内には、手順やマナーがあります。知らないと、会社のイメージダウンにもなりかねません。**お客様へ配慮した、スマートな案内を心がけましょう。**

✕ Bad 座ったまま、お客様に行き先を指示するだけ

- 行き先を言わず、黙って案内する。
- お客様の後を歩く。
- 後ろのお客様を確認せず、早足でどんどん歩く。
- 部屋の状況を確認せず、お客様を案内する。

第二会議室へ行ってください。
それどこ？

〇 Good 行き先を告げて案内する

3階の会議室にご案内いたします。

◆**歩調はお客様に合わせる**

勝手にスタスタと前を歩くのはNG。２～３歩先を歩きながらも、ときどきお客様の様子を振り返り、歩調を合わせます。

◆**足元にも気配りを**

段差では「こちらには段差があるので、お気をつけください」など、心を配る言葉を添えます。

思いやりをもってスムーズに案内

お客様にとって、**訪問先の会社は不慣れな場所です。**案内するときは、「3階の会議室にご案内いたします」などと、まず**行き先を告げて先導すると、お客様も安心します。**

先導の際は、お客様に背を向けないよう、やや斜め前方を歩き、振り返りながら**お客様の歩調に合わせて歩きます。**また、階段や段差では「足元にお気をつけください」など、手のひらで指し示しながら、お客様への心配りの言葉を添えます。

部屋に到着したら、上座の席（139ページ参照）をすすめ、お客様が着席したら、「少々お待ちくださいませ」と、一礼して退室します。

案内の手順とマナー

**案内の言葉、動作の一つに関しても、
お客様に配慮しながら、スマートに案内しましょう。**

手　順

1. 案内場所を告げ、先導する

お待たせいたしました。
7階の応接室に
ご案内いたします

2. 2〜3歩斜め前を歩いて移動

3. 入室前にノックを3回し、使用中でないことを確認

どうぞお入りください

4. お客様に席（上座）をすすめる

どうぞ、こちらにおかけくださいませ

5. あいさつ、一礼して退室する

太田は間もなくまいります。
少々お待ちいただけますでしょうか

案内するときのマナー

エレベーター

乗るとき▶お客様が先

左手で扉横のボタンを押したまま、「どうぞ、お乗りください」とお客様を先に乗せます。

- 複数のお客様をご案内する際は、「失礼します」と自分が先に乗り、操作盤の「開」を押して全員を乗せます。

降りるとき▶お客様が先

操作盤の「開」を押して、お客様に先に降りてもらいます。

- 操作盤の前に立つときは、お客様におしりを向けないようにします。

階段

「○階でございます」と行き先を告げ、手すり側へ案内します。

上るとき▶自分が後

お客様が男性 ▶お客様より高い位置にならないよう、後ろから上る。

お客様が女性 ▶後ろから上ると、スカートをのぞくような感じになるので失礼。「お先に失礼します」とひと言添えて、先に上る。

下るとき▶自分が先

お客様を見下さないよう、自分が先に下る。

席次のマナー

POINT

席次は、立場や年齢の高い相手に対しての敬意の表れ。**お客様は、必ず「上座」の席に案内します。**社内会議でも、立場、年齢が高い人を上座にします。

Bad お客様を「下座」に案内する

- 応接室、会議室での席次がわからない。
- 電車やバスで、最初から上司やお客様を通路側に案内する。
- エレベーターに乗ったら、一番奥に行く。
- タクシーで真っ先に後部座席に乗り込む。

こちらにお座りください。

Good お客様を「上座」に案内する

こちらで少々お待ちいただけますか。

◆お客様をご案内後、社内の席次で座る

お客様を上座に案内した後、自社の社員も席次に従い、上司から順に座ります。

◆乗り物は窓側が上座

新幹線や列車、バス、飛行機などの乗り物は、全て窓側の席が上座になります。

応接室ではお客様を上座に

応接室や乗り物などの席には、立場や年齢などに応じて、**座る順番が決まっています。これを席次と言います。**相手に敬意を表す意味があるため、ビジネスシーンでは間違えると失礼にあたります。

基本は、立場が上の人が座る「上座」から案内します。来客応対では、お客様が上座になります。

なお、新幹線の座席は窓側が上座ですが、出入りしやすい通路側を希望するお客様や上司もいます。チケットを用意する際は、「窓側のお席をご用意したいと思いますが、通路側のご希望はございますか」と、ひと言添える気配りも大切です。

部屋・乗り物の席次

部屋は入口から遠い奥が「上座」、
列車やバスは窓側が「上座」と覚えておくとよいでしょう。

応接室

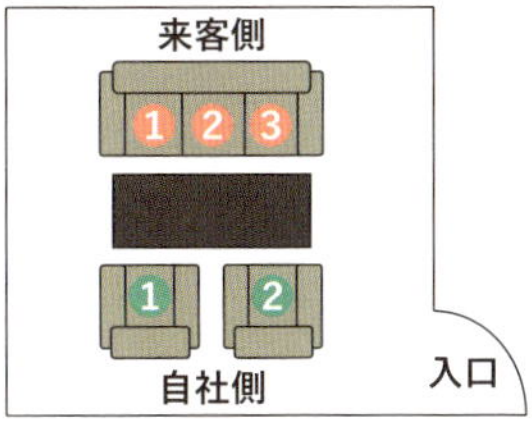

入口から遠い①が上座。下座は②になります。
★窓が見える席を上座とする場合も。

会議室（来客との会議）

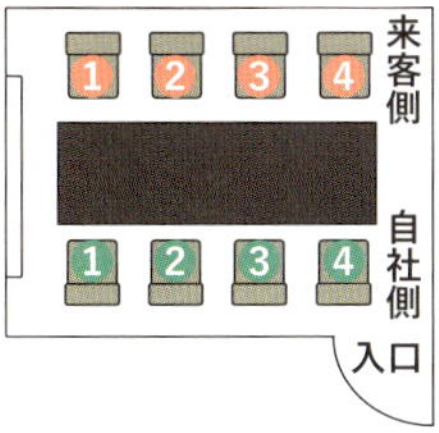

入口から遠い奥の4席が来客側、手前の4席が社内側です。それぞれ奥が上座になります。

列車（向かい合わせ席）

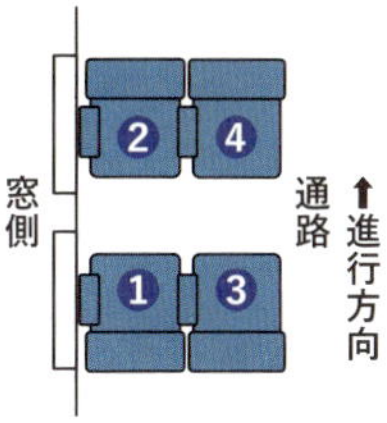

進行方向を向いた窓側が上座、逆進行を向いた通路側が下座です。列車やバスなど、窓側の席が上座になります。

打ち合わせコーナー

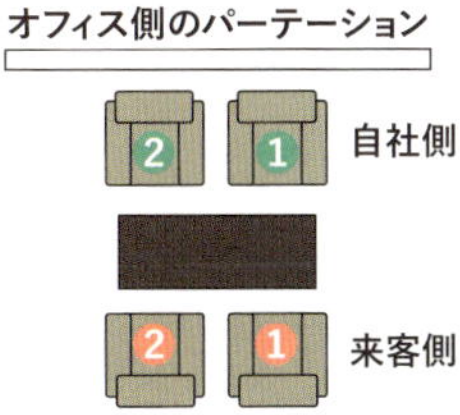

パーテーションで区切られている打ち合わせ室の場合、オフィス側から遠い席が上座になります。

会議室（社内会議の場合）

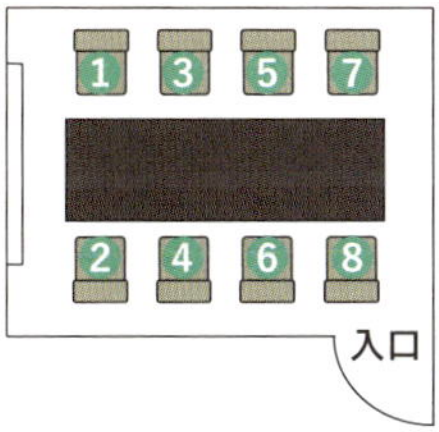

入口から遠い①が上座。下座は⑧になります。6席の場合、奥の真ん中が上座になることもあります。

新幹線（3席並び）

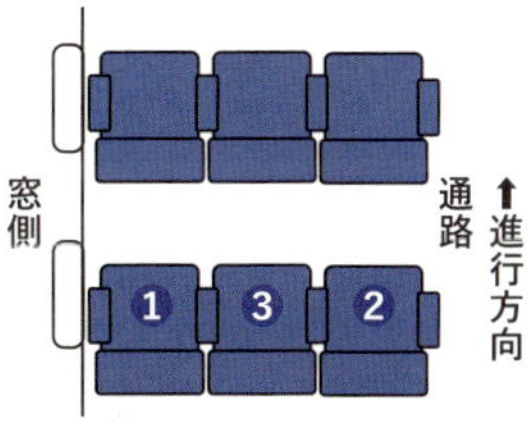

進行方向を向いた窓側が上座、真ん中が下座。向かい合わせになった場合、逆方向を向いた真ん中が下座になります。

エレベーター

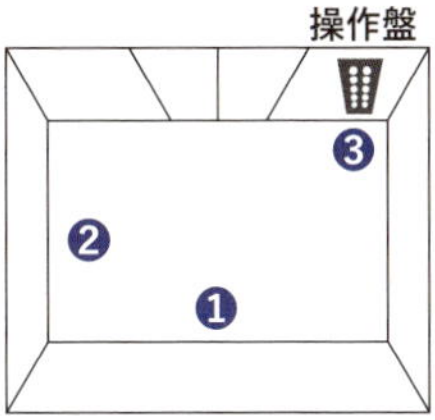

奥の中央が上座、操作盤前が下座。お客様を案内する際は、扉を押さえて中央奥を指し示し、自分は操作盤前に立ちます。

タクシー

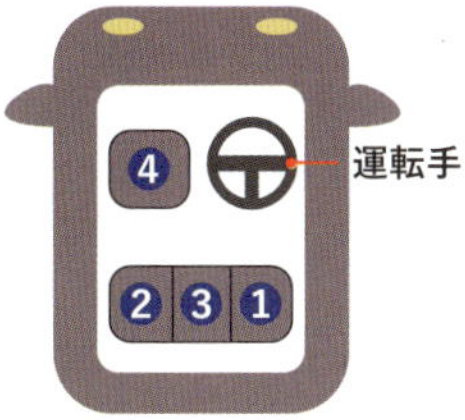

運転手の後ろが上座、道案内や支払いをする助手席は下座。後部座席に3人だけで乗る場合は、真ん中が下座です。

乗用車

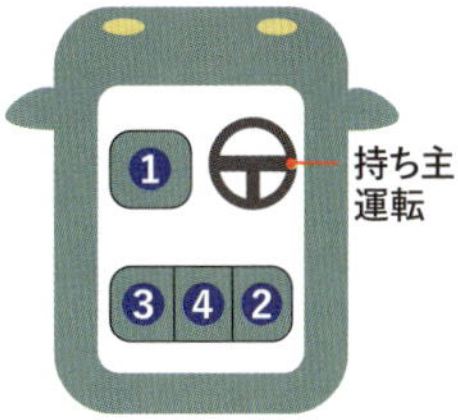

上司やお客様が運転する場合は、助手席が上座に。5人で乗る場合は、後部座席真ん中が下座になります。

お茶の出し方

Bad お茶のいれ方がわからない

- 席次の順にお茶を出さない。
- 茶たく※をテーブルに置いてから茶碗を置く。
- 茶碗やカップに、なみなみとお茶やコーヒーをいれる。
- ドンと音を立て、乱暴にお茶を配る。

※湯飲み茶碗をのせる小さな受け皿のこと。

Good 急須で煎茶をいれる

おもてなしのお茶は、ほうじ茶ではなく煎茶です。

◆お茶碗やグラスをチェック

人数分のお茶碗やグラスを出したら、汚れていないか、ひび割れや欠けがないかを確認します。

◆お客様からお茶を出す

あいさつが終わり、全員が着席したタイミングで、席次（P.138参照）の順にお茶を出します。

お客様をお茶でもてなす

お茶を出すのはお客様をもてなすためで、これも大切な仕事の一つです。特に、新入社員の場合は、お茶出しの際にお客様の顔を覚えたり、自分の顔を知ってもらったりするチャンスでもあります。率先してお茶出しをするようにしましょう。

お客様にお出しするのは、日本茶（煎茶）が一般的。

お茶は、**お客様から席次**（138ページ参照）**の順に出していきます。原則は、相手の右側から**お出ししますが、書類があって置けない場合は、「こちらから失礼いたします」とひと声かけて、左側からお出ししてもよいでしょう。

POINT

人数を確認した上でお茶をいれ、あいさつや名刺交換が終わった頃に入室してお茶をお出しします。その際も、手順に沿って席次どおりに出しましょう。

お茶を出すときの手順とマナー

1. 人数を確認して、お茶をいれる

人数分の茶碗に急須でお茶をいれ、お盆に茶碗、茶たくを別々にのせます。

※お盆には、お茶をこぼしたときのために、ふきんも。

お茶のいれ方

おいしいお茶をいれるには、少し蒸らすのがポイントです。

1 茶碗を温める

茶碗に沸騰した湯を8分目くらい注ぎ、茶碗を温める。

2 急須に茶葉をいれる

一人あたりティースプーン1杯の茶葉を急須にいれる。

3 茶碗の湯を急須に注ぐ

1の茶碗の湯を急須に全て注ぎ、ふたをして1分ほど蒸らす。

4 濃さが均一になるよう注ぐ

茶碗に少量ずつ注ぎ分け、濃さが均一になるようにする。茶碗の8分目まで注ぐ。

麦茶やコーヒーを出すとき

●**麦茶**……テーブルの上にお盆を置き、コースターをテーブルに置いてから、その上に麦茶の入ったグラスを置きます。

●**コーヒー**……ソーサーの上にカップをのせ、手前に柄を右にしたスプーンをのせ、両手でソーサーを持って出します。一人分のミルクと砂糖があれば、ソーサーの左奥に一緒にのせて出します。

2. ドアをノックして入室する

左手でお盆を持ち、右手でノックし、「失礼いたします」と言って入室したら、お客様に向かって軽く会釈をします。

3. お盆を置き、茶たくに茶碗をのせる

テーブルまたはサイドサーブルにお盆を置き、茶たくの上に茶碗をのせます。

4. お茶を出す

お茶は、上座のお客様から席次どおりに出していきます。茶たくを両手で持ち、相手の右側から「失礼いたします」または「どうぞ」と言い添えながら、お茶を出します。

5. 退室する

お茶を出し終わったら、お盆を持ち、ドアの前で静かに一礼してから退出します。

訪問する前の準備

POINT

他社へ訪問するときは、アポイントメント（以下アポイント）をとります。訪問目的を達成できるよう、内容を整理、資料を作成するなど準備万端で臨みましょう。

✕ Bad アポイントをきちんととらず自分勝手に訪問

- 訪問先の情報収集、資料の準備など、訪問準備をしない。
- 日程が折り合わないままで放置する。
- 訪問日時を勝手に変更する。

この間、来てもいいよって……
アポはとってないよね。

○ Good 相手の都合を聞き、会う約束の日時を決める

それでは、○月○日火曜日の10時にお伺いさせていただきます。

◆**アポイントをとるときは相手の都合第一**

相手の都合のよい日時をいくつか提示してもらい、その中から自分の都合のよい日を選ぶとよいでしょう。

◆**訪問の準備をする**

名刺や手帳、カタログや資料などの持ち物を準備し、当日忘れないようにします。

アポイントをとってから訪問するのがマナー

ビジネスでは、営業や打ち合わせなどで、他社を訪問することがあります。

そのときは、**必ずアポイントメント（事前約束）をとってから訪問するのがマナー。**突然の訪問は、相手の迷惑になるばかりか、留守で目的が果たせないこともあります。

アポイントは、電話やメールで相手の都合のよい日時をいくつか聞き、その中から自分の都合のよい日を選びます。**訪問日時が決まったら、訪問する目的に合わせて、書類や資料など持ち物を準備します。**また、訪問先へのアクセスルートも事前に調べておくと安心です。

電話でアポイントメントをとるとき

1. 面談を申込む

自社名、名前、訪問目的、所要時間を明確に伝えます。

**お世話になっております。
○○社の安藤と申します。
△△の件で、佐藤様にお目にかかりたいのですが、40分ほどお時間をいただけますでしょうか。**

2. 訪問日時を決める

相手が訪問をOKしてくれたら、相手の都合のよい日時をいくつか聞きます。

佐藤様のご都合のよい日時をいくつか教えていただけると幸いです。

［相手の指定日に予定があるとき］

**大変申し訳ございません。
あいにく、その日は他の予定があります。
勝手ながら、○日と○日でしたら何時でもご都合に合わせてお伺いできますが、佐藤様のご都合はいかがでしょうか。**

3. 約束の内容を確認

訪問日時を復唱し、同行者がいる場合は同行人数を伝えます。

**それでは、○月○日○曜日の14時、
部長の小林と2名で
お伺いさせていただきますので、
どうぞよろしくお願いいたします。**

！ 電話を切った後、相手に面談の約束をしてくれたお礼と、訪問日時をメールすると、双方で情報共有ができ、思い違いなどを防ぐことができます。

約束した日時を変更するとき

アポイントをとった日時を変更するのは、「原則なし」です。しかし、やむを得ない事情で日時を変更したい場合は、すぐに電話連絡をし、お詫びと変更理由（急な出張、身内の不幸など）を簡潔に伝え、改めてアポイントをとるようにします。

事前準備チェックリスト

訪問目的を達成するために、事前にしっかり準備しておきましょう。

- □**訪問先の情報**
  （会社名、住所、電話番号、担当者名と所属している部署、役職など）
- □**商談や打ち合わせの資料**
  （資料作成や、サンプルの手配など）
- □**同行者との打ち合わせ**
  （上司と、当日の話の進め方など目的に応じて打ち合わせをしておく）
- □**名刺や手帳、タブレットなど持ち物の確認**
- □**交通手段や移動時間の確認**
  （会社の車で行く場合、駐車場の確認も）
- □**謝罪や依頼などの場合、手土産の用意**
  （必要かどうかの判断は、上司に相談する）

訪問するときのマナー

POINT

時間には、**余裕をもって訪問先に到着**するようにします。会社の建物に入る前、受付や応接室に通されたときのマナーを心得ておくと、好印象をもたれます。

Bad コートを着たまま オフィスに入る

- 約束の時間より早く(20分以上前くらい)行って取り次いでもらう。
- 約束の時間に遅刻する。
- すすめられる前にお茶を飲む。
- 名刺や資料などを忘れる。
- 上司より上座に座る。

Good コートを脱いでから 建物に入る

◆約束の10分前には到着

早過ぎる訪問は、相手に迷惑をかけます。10分前を目安に到着を。ただし、取り次いでもらうのは2～3分前にします。受付(受付電話も)を通す場合も同様にします。

◆訪問前は身だしなみを整える

面会前に、髪や服装をチェックして、清潔感のある好印象を与えるように心がけましょう。

遅刻や早過ぎる訪問はNG

訪問先には、**約束の時間の10分前には到着**し、約束時間の2～3分前に取り次いでもらいます。早く到着したからといって勝手に訪問するのはマナー違反。相手の都合を無視することになり、失礼です。もちろん、遅刻をするのは、もってのほか。ただし、電車の遅延や車の渋滞で遅刻しそうな場合は、早めに電話連絡をしてお詫びし、確実な到着時間を伝えます。

また、**防寒着は建物に入る前に脱ぐのがマナー**。これは、外のほこりを持ち込まないという気配りです。マナー知らずと思われないよう訪問のマナーを身につけておきましょう。

他社訪問の流れ

1. 到着

遅くても10分前に

- 建物に入る前に、
コートやマフラーなどは脱ぐ。
- 髪や服装など身だしなみを整える。
- スマホや携帯電話はマナーモードに。
- 名刺は取り出しやすいようにしておく。

↓

2. 受付で名乗り、取り次ぎを依頼

約束時間の2〜3分前

［受付に人がいる場合］

- 社名と名前を名乗る。
- 面会人の部署、氏名、
約束の有無を伝える。
- 受付名簿の記載を求められたら、
会社名、名前などの必要事項を書く。
面会者の名前の後には「様」をつける。

［受付に電話がある場合］

- 面会人の部署、名前を確認して、
提示されている番号にかける。
- 本人が直接電話に出なかった場合は、
電話口の人に社名と名前を名乗り、
取り次いでもらう。

［受付や電話がない場合］

- 近くの人に声をかけ、名乗り、
取り次いでもらう。

↓

3. 応接室やミーティングルームへ

- 案内人に席をすすめられてから座る。
- 自分の上司や先輩より
下座に座る（P.139参照）。
- 鞄やバッグは、イスの横の床に置く。

↓

4. あいさつ・名刺交換

- 面会者が入室したら立ち上がり、
「本日は、お忙しいところ、
お時間をいただき、ありがとうございます」
と、あいさつする。
- 初対面の場合は、
名刺交換をする（P.147参照）。
- 相手に席をすすめられてから、着席する。

↓

5. 本題（商談や打ち合わせ）に入る

- 持参の資料を用いながら、話を進める。
- 予定していた時間内に終わらせ、
お礼を述べて退室する。

！ 面会者が入室後、お茶を出されたときは、相手が「どうぞ」と言ってから口にします。なお、面会者を待っている間に出されたお茶は、口にしてかまいません。

手土産

手土産は、間に合わせで買ったと思われるので、訪問先の近所の店で購入するのは避けます。お菓子は、今日明日中に食べなくてはいけないものではなく、日持ちするものを選びましょう。

手渡すタイミングは、部屋に通され、面会者とあいさつをしてからにします。

名刺交換のマナー

POINT

ビジネスは、名刺交換からスタートします。はじめての相手に好印象をもってもらうためにも、名刺交換の手順、マナーを身につけておくことが必要です。

名刺交換はビジネスの第一印象を左右するもの

名刺交換は、ビジネス開始の第一歩。はじめて会う**相手にあなたの名前を覚えてもらうチャンス**でもあります。その後の仕事をスムーズに進めるためにも、**名刺交換で好印象をもってもらうことが大切**です。

名刺は、ビジネスの重要なツール。名刺交換の際は、名刺をていねいに扱い、差し出し方、受け取り方の順番にも気を配りましょう。

相手の名刺は仕事をしていく上での武器であり、**財産**でもあります。小さな名刺一枚にいろいろな情報が詰まっているので、案件別にするなど使いやすいように分類してビジネスに役立てましょう。

✕ Bad きちんと名乗らず、片手で渡す

- 名刺が汚れている。
- 名刺をテーブルごしに渡す。
- イスに座ったまま渡す。
- 渡された名刺をすぐに名刺入れにしまう。
- 名刺を忘れる。

どうも。○○社の
遠藤です。

○ Good 社名と氏名を名乗り、両手で名刺を渡す

わたくし、○○社の
遠藤圭一と申します。
どうぞよろしく
お願いいたします。

◆相手が読める向きに

名刺は、名刺入れの上に、相手が読める向きにしてのせ、両手で差し出します。

◆社名と名前をはっきり言う

訪問をしたときは会社名と名前を、訪問を受けたときは部署名と名前を言います。

名刺交換の流れ

1. 事前準備

名刺入れには必要な枚数（多めに）用意しておきます。

2. あいさつ

- 必ず相手の正面に立ちます（テーブルごしはNG）。

本日はお時間をいただき、
ありがとうございます。

3. 名乗る

- 社名、名前を名乗ります（来客との名刺交換は部署名と名前）。

わたくし、○○社の田中翔太と申します。

4. 名刺を差し出す

- 名刺が相手に対して正面になるようにします。
- 名刺は名刺入れの上にのせ、両手を添えて差し出します。

5. 相手の名刺をいただく

- 相手の名前を確認し、胸の高さで受け取る。

頂戴します。

相手の名前が聞き取りにくく、読み方がわからないとき

○○様で間違いないでしょうか。

お名前はどのようにお読みするのでしょうか。

6. あいさつとおじぎ

- あいさつしながら、敬礼（P.38参照）をします。

ありがとうございます。
よろしくお願いいたします。

名刺を差し出す順番

目下（訪問した側）から差し出すのが基本

（訪問したとき）

- 自分から先に渡します。
- 相手が複数のときは、役職が上の人から順に渡します（それぞれに名乗り、おじぎをする）。

★誰が目上（役職が上）かわからないときは、上座の人から順に渡します。

（訪問を受けたとき）

- 相手から先に名刺をいただきます。

★本来は、年齢が下の目下から先に出すのがマナーなので、受け取った後に「**申し遅れましたが**」とひと言添えてから名乗ります。

（上司が同行・同席している場合）

上記いずれの場合も、上司が先に先方と名刺交換した後に、名刺を差し出します。

名刺の置き方

- 1枚なら名刺入れの上に置きます。
- 複数枚の場合は、相手の座席順に置きます。

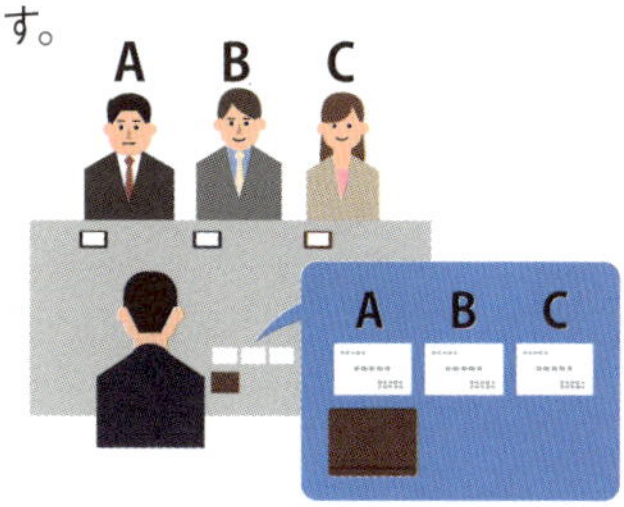

名刺を忘れたときの対処法

「忘れました」と、素直に言うのは禁物。
名刺の重要さをわかっていないと思われ、マイナスイメージにつながります。

1. 「忘れた」ではなく、「切らした」と説明

申し訳ございません。
ただいま名刺を
切らしております。

汚い、折れている名刺を渡すのは失礼です。名刺を持ち合わせていても、汚い場合は上記のフレーズを言うようにします。

その日のうちにメールを送る

名刺をいただいた相手に、本日のお礼、名刺を切らしていたお詫びのメールを送ります。

文面の最後に、社名、名前、住所、電話番号などの署名を入れることで、相手に連絡先を教えることができます。

2. 口頭で社名、部署名、氏名を名乗る

わたくし、
〇〇社の田中晃一と
申します。

3. 相手の名刺をいただく

後日、名刺を渡す

後日、相手に会った際、**「先日は、申し訳ございませんでした」**と述べ、名刺を差し出します。このとき、**「遅くなりましたが、名刺をお持ちしましたので、受け取っていただけますか」**と言って渡します。

こんなことにも気をつけて

名刺交換を行うときは鞄は床に

鞄を持ちながらの名刺交換は、片手で名刺を手渡すことになるのでNG。名刺交換は、鞄を床に置いてからにしましょう。名刺は両手で差し出し、同様に受け取るのが基本ということをお忘れなく。

名刺を忘れて帰らない

いただいた名刺を忘れて帰らないよう、帰る際は必ず名刺入れに入れたか確認を。名刺入れごと忘れるのも禁物。名刺入れは、重要なデータが入っている小さなパソコンと思って、取り扱いましょう。

名刺交換をしたら

せっかく名刺交換をしても「もらいっぱなし」では何にもなりません。
重要なデータという認識をし、整理して仕事に活かしましょう。

名刺交換をした人にメールでお礼

取引先、営業先などを訪問した後は、「本日は、ご多忙中にもかかわらず、お時間をくださり、ありがとうございます」と、お礼のメールを送ると、ていねいです。相手にも好印象を与えます。

名刺を整理

情報をメモしておく

帰社後、その日のうちに、知り得た情報を名刺に書き込んでおきましょう。

- 名刺交換をした年月日。
- むずかしい名前の読み方は、ふりがなを。
- 会った場所、相手の特徴（メガネをかけている、ひげがある、背が高いなど）をメモしておくと、相手を記憶しやすい。

使いやすいように分類する

名刺は自分の使いやすいように、五十音順、会社別、案件別などに分類してファイルしておくと便利です。

- 写真にとってデータ化し、スマホや PC に入れておいてもよい。

One point アドバイス

爪はきれいに

名刺交換の際、目につくのが指先です。爪が黒く汚れていると、一気にイメージがダウンします。男女とも、爪は短く切って、清潔にしておくのが一番です。

ネイルをしている場合、色やジェルネイルが一部でも剥げていると、汚い印象になります。剥げていたり、欠けていたりする部分は、応急処置として絆創膏を貼って隠すのがおすすめです。

こんなときは?

名刺交換のタイミング

上司に同行して取引先を訪問した際、新入社員の自分だけが他の人と初対面ということがあります。

普通は、最初に紹介されて名刺交換を行いますが、成り行きで仕事の話が進んでしまったら、話が一段落するまで、または最後まで待ちます。そして、「ごあいさつが遅くなりました」とひと言添えてから、名乗り、名刺交換をしましょう。

初対面の人とは避けたい会話

POINT

ビジネスシーンでは、初対面の人と話す機会は多いもの。**相手に不快な思いをさせないよう、初対面の人にはNGの話題を知っておきましょう。**

✕ Bad プライベートな質問をする

- 仕事の愚痴をこぼす。
- ライバル社をけなす。
- 政治問題を話題にする。
- 自分の家族の自慢話をする。

どこに住んでいるんですか～
大学はどこですか～
結婚しているんですか～

○ Good 季節の話から始める

今日から梅雨明けだとニュースで言っていましたね。

◆天候などの話題から始める

天候や気候、季節など、当たり障りのない話題から始めましょう。

◆聞き上手に徹する

相手の話を聞きながら、相づちを打ったり、共感の言葉を述べたりします。

相手が気持ちよく話せる話題に

仕事では、初対面の人と話すことが多いですが、その際「失礼な人だ。一緒に仕事したくない」と思われないよう**会話には十分配慮が必要**です。

初対面の場合、相手に関する情報がないので、相手のことを知ろうと多く質問しがちですが、家族や出身校、結婚の有無など、**プライベートに立ち入る内容は避けましょう。**

「寒くなりましたね」といった気候の話題や、「オリンピックが近づいてきましたね」など、相手が答えやすい話題から始めるのがポイント。

相手が気持ちよく話せるよう、**聞き上手に徹することもビジネスパーソンの重要なスキル**と心得ましょう。

会話のきっかけとなる話題

初対面の人とは、当たり障りのないライトな話をするのが無難です。

相手を不快にさせる話題はNGです。

OK

天候や気候のこと

「長雨が続いていましたが、
今日は久しぶりの青空で気持ちがいいですね」
「今年の夏は暑かったですね」
「やっと秋らしくなってきましたね」

季節のこと

「桜が七分咲きですね。もう花見には行かれましたか?」

「もう、クリスマスのイルミネーションが始まりましたね」

話題になっていること

「最近、将棋ブームのようですね」

「○○という食べ物が流行しているようですね」

目にしたこと

「工事で渋滞していますね」

「この並木道はきれいですね」

「このお店、私どもの会社の近くにもあります」

共通点を見つける

「お使いのそのペン、使いやすいですよね。私もずっと使っています」

「御社がある○○町は、学生時代によく行きましたが、
まだ○○というお店はありますでしょうか」

「ワインに詳しいのですね。

私も最近、ワインに興味が出てきて……」

NG

プライベートなこと

●家族のこと(家族構成、家族の職業)　●住んでいる場所、住まい
●信仰している宗教　●結婚や恋人の有無　●政治の話や支持している政党
●ひいきにしているスポーツチーム※　●年齢　●学歴

※ひいきにしているチームが違うと、面倒なことになりかねないので、避けたほうがよいでしょう。

愚痴や悪口、自慢話

●自分や家族の自慢話　●会社の自慢話　●仕事や会社の愚痴
●上司や仕事関係者に対しての悪口

商談などの進め方

Bad だらだらと話す

- 相手のニーズを把握していない。
- 説明が長くて結論がすぐにわからない。
- 資料が文章だけで、データが可視化されていない。
- 相手の質問に答えられない。
- 相手の目を見ず、自分のペースで一方的に話す。

弊社としてはですね。あの～

Good 内容を整理して説明する

新商品Aがこれまでと違うのは、〇〇の点です。

◆**結論を最初に言う**

大切なことを最初に簡潔に話し、その後で説明します。

◆**時間を考慮して進める**

いただいている予定時間内に終わらせるため、時間配分にも考慮することが大切です。

シナリオを準備し、要領よく進める

商談の相手がどんな役職の人か、決定権をもっているか、自社に対してどのようなニーズがあるかなどを調査・確認した上で、話の内容、順番のプランを立てます。相手からの質問も想定して、回答を用意します。**時間内に、正確にわかりやすく伝えるためにも、結論は最初に伝えること。**細かいデータは図や表にしておくと、簡潔に説明することができます。これは、商談に限らず、打ち合わせやプレゼンテーションにもいえることです。

当日、あわてないようリハーサルをして、自信をもって商談に臨みましょう。

POINT

商談などをまとめるためには、**説得力が必要。**相手についてリサーチする、資料を作成するなど、事前に**入念な準備をして、簡潔に説明することが必要です。**

商談をスムーズに進めるには

全体の流れを頭に入れておき、ポイントをわかりやすく伝えましょう。

1. あいさつ

「本日は、お忙しい中、お時間をくださり、ありがとうございます」と、感謝のあいさつをします。

2. 雑談

軽く雑談をしてその場の雰囲気をほぐして本題に入ります。

3. 本題（用件）

結論を先に伝え、その後、図表などを使って簡潔に説明します。ときどき**「ここまでで、ご不明な点やご質問など何かございませんでしょうか?」**と相手に内容が伝わっているか、確認しながら話を進めます。

4. 希望や意見・質問を聞く

相手の反応を見て「こちらはいかがでしょうか」と、意向を聞きます。また、**「ご不明な点はございますか?」**と相手に確認し、質問に答えます。自分が答えられない内容の場合は、**「確認して、明日ご連絡します」**と期限を明確にして回答します。

5. 確認

「それでは、本日の件は〇〇ということで間違いないでしょうか」と、その日の商談の内容を確認し、次回の商談の約束を取りつけます。

重要なポイントは、復唱をして、相手と確認し合います。

6. あいさつ

「本日はお忙しいところ、お時間を割いてくださり、ありがとうございました」とおじぎをします。

One point アドバイス　雑談力も大切

軽い雑談は、場をなごませることで、好印象を与え、信頼関係を築きやすくします。

にこやかに、やわらかい態度で、当たり障りのない天候や季節の話題、スポーツ選手の活躍したニュースなど、誰でも話しやすい話題を提供します。こうしてリラックスした雰囲気をつくってから、本題に入るとよいでしょう。

こんなときは?　相手から説明を受けるとき

相づちを打ったり、話の内容を確認したり、話をきちんと聞いていますというサインを送ります。内容は必ずメモし、疑問点は質問しましょう。

相手の考えに反対の場合は、否定的な言い方をするのでなく、「なるほど。そういった見方もありますね」と、相手を肯定してから自分の意見を言うようにすると、冷静に聞いてもらえます。

仕事で個人宅を訪問するときのマナー

POINT

ビジネスで個人宅を訪問する場合は、会社訪問時のビジネスライクの動作とは異なる点があるので注意。家にあがるときの作法など、身につけておくと安心です。

✕ Bad おしりを向けて家にあがる

●家の中をジロジロ見る。
●約束の時間より早めに訪問。
●連絡せずに約束の日時を変更。
●勝手に家にあがる。

◯ Good スマートに家にあがる

◆早めに行くのはタブー

早過ぎると、相手がまだ迎える準備ができていないことも。早く着いたら時間をつぶして訪問します。

◆玄関先で用件をすませる

相手が招き入れていないのに、家にあがるのは禁物。相手に負担、迷惑がかからないよう、用件は、できるだけ玄関先ですませます。

個人宅にあがるときのマナーを知っておく

会社ではなく、個人宅へ営業で回っていたり、フリーランスで仕事をしている人に書類を届けたりするために、個人の家を訪問することもあるでしょう。

単なるあいさつや届け物の場合、玄関先で失礼するつもりだったのに、あがるようにすすめられることもあります。そんなとき、**靴の脱ぎ方のマナーやあいさつのしかたを知っておくと、「配慮のある人」と思われます。**

女性の場合、個人宅を訪問する際は、和室でも座りやすいように、タイトスカートやミニスカートは避けるなど、服装にも配慮しましょう。

あいさつと入室までのマナー

1. 玄関前で身だしなみを整える

インターホンを押す前に、髪や服装などの身だしなみを整えます。コートは、玄関前で脱ぎ、マフラーや手袋もはずします。

2. インターホンを押す

アポイントをとっている相手なら、「お世話になっております。〇〇会社の田中です。本日 14 時にお約束をいただき伺いました」とあいさつをします。

●飛び込み営業や、アポイントをとっていない場合は、「お忙しいところ申し訳ございません。〇〇会社の田中と申します。本日は、△△の件で、お話させていただきたく、少しだけお時間をいただくことはできませんでしょうか」と、相手の都合を聞きます。

3. 玄関先

あいさつや届け物が目的なら、玄関先で用件をすませ、「失礼いたします」とあいさつをして辞去します。

●本人ではない人が応対した場合は、社名、氏名を名乗って名刺を渡し、本人に取り次いでもらいます。

（家にあがる場合）

相手が「どうぞあがってください」と言った場合は、「おじゃまいたします」と軽くおじぎをしてから、玄関で靴を脱ぎます。

靴の脱ぎ方

いかなる場合も、相手におしりを向けるのは失礼にあたります。

美しい所作で、スムーズに家へあがりましょう。

1 正面を向いて靴を脱ぎ、あがる。

2 体を斜めにして床にひざをつく。

3 自分の靴を持って、靴を玄関ドア側に向け、端に揃えて置く。

●和室に通されたら

部屋に入ったら座布団の横に座り、相手にすすめられてから、座布団に両手を突いて片膝ずつ座布団に乗せて座ります。座布団を踏むのはマナー違反。座るときに座布団の上に立たないようにしましょう。

●手土産を渡すとき

お菓子などは、通された部屋で、あいさつをしてから「心ばかりですが」と言って渡します。ただし、すぐに花瓶に入れたほうがよい花や、冷蔵庫に入れたいアイスクリームなどは、玄関先で渡しましょう。

訪問後のフォロー

Bad 訪問後、何もしない

- 相手からの質問を放置。
- その後、何の連絡もしない。
- その後の打ち合わせについて連絡しない。
- 商談の内容の変更の連絡をしない。

○○社、フォローお願いね。
行っただけじゃダメなんですか？

Good 帰社後、すぐにメールでお礼

さて、はじめて訪問した○○社の担当者にお礼のメールをしよう。

◆仕事成立につなげる

今後、取引をした会社には、訪問後も連絡を密にとるようにし、信頼関係を築き、仕事成立につなげるようにしましょう。

◆回答は先のばしにしない

お礼の言葉とともに、質問されたことなどの回答をすぐ送ります。

訪問後のフォローがその後の仕事に影響

はじめて**訪問した会社の担当者には、その日のうち、もしくは翌日早くにお礼のメールを送るのが、ビジネスパーソンの基本**です。

訪問先で複数の人と名刺交換した場合、役職の高い人のほかはCCですませず、名刺をいただいた一人ひとりにメールを送ります。ていねいな人と思われるばかりか、「今日、会った△△会社の○○さん」と、印象づけることができます。

定期的に会う仕事関係者へも、訪問後は、確認事項や依頼されたことなどの回答を、帰社後すぐにメールで対応することが大切です。こうした積み重ねが信頼につながります。

POINT

仕事は、訪問して終わりではありません。**成果につなげるためには、誠実で的確なフォローをすることが大切です。**それが、信頼関係を築くことにつながります。

訪問後のフォローのしかた

お礼のメールをする

訪問後、一両日中に届くようにお礼のメールを送ります。

メールは「本日は、お忙しい中、お時間をくださり、ありがとうございます」と、会えたことに対するお礼と、最後には「今後ともよろしくお願いいたします」のひとことを添えます。

- 相手から質問があった場合や、その場で回答できず保留した場合は、すぐ確認して回答を送ります。
- 商談が成立した場合は、その日に決まった内容を確認し、その後のスケジュールなどを打ち合わせます。

商談が不成立でも、お礼のメールを

訪問時に商談が不成立だった場合も、「お忙しいところ、お時間をくださり、ありがとうございました」と、必ずお礼のメールを送ります。

その後もコンタクトを続けてチャンスにつなげましょう。

定期的な連絡を欠かさない

納品をともなう仕事の場合は、納品時期を連絡したり、納品後の商品の使い勝手を問い合わせたりするなど、定期的に連絡するようにします。

One point アドバイス

お礼は電話よりメール

訪問後のお礼は、電話よりメールがベスト。なぜなら、メールは、都合のよいときにチェックするものなので、相手に負担をかけずにすむからです。こうした心づかいは大切です。

電話をするのは、相手が急ぎで回答を求めていたり、すぐに返事が必要だったりする場合などにとどめるようにし、できるだけ避けましょう。

こんなときは?

お詫びで訪問したとき

ミスをしたときや、クレームに対して、お詫びをするために、取引先やお客様を訪問することもあります。お詫びは、直接、会ってきちんとするのが原則だからです。

お詫びの訪問をした後は、時間をとって話を聞いてくれたことへのお礼と、改めてお詫びし、改善策を書いた手紙を2〜3日以内に届くよう送ります(P.121参照)。

Column

書類のとめ方・文書の折り方

書類

書類をクリップやホチキスでとめるときは、ヨコ書きなら文書の左上、タテ書きなら右上でとめるのが一般的です。ただし、会社によってはファイリングするために独自のルールがある場合もあります。上司や先輩に確認しましょう。

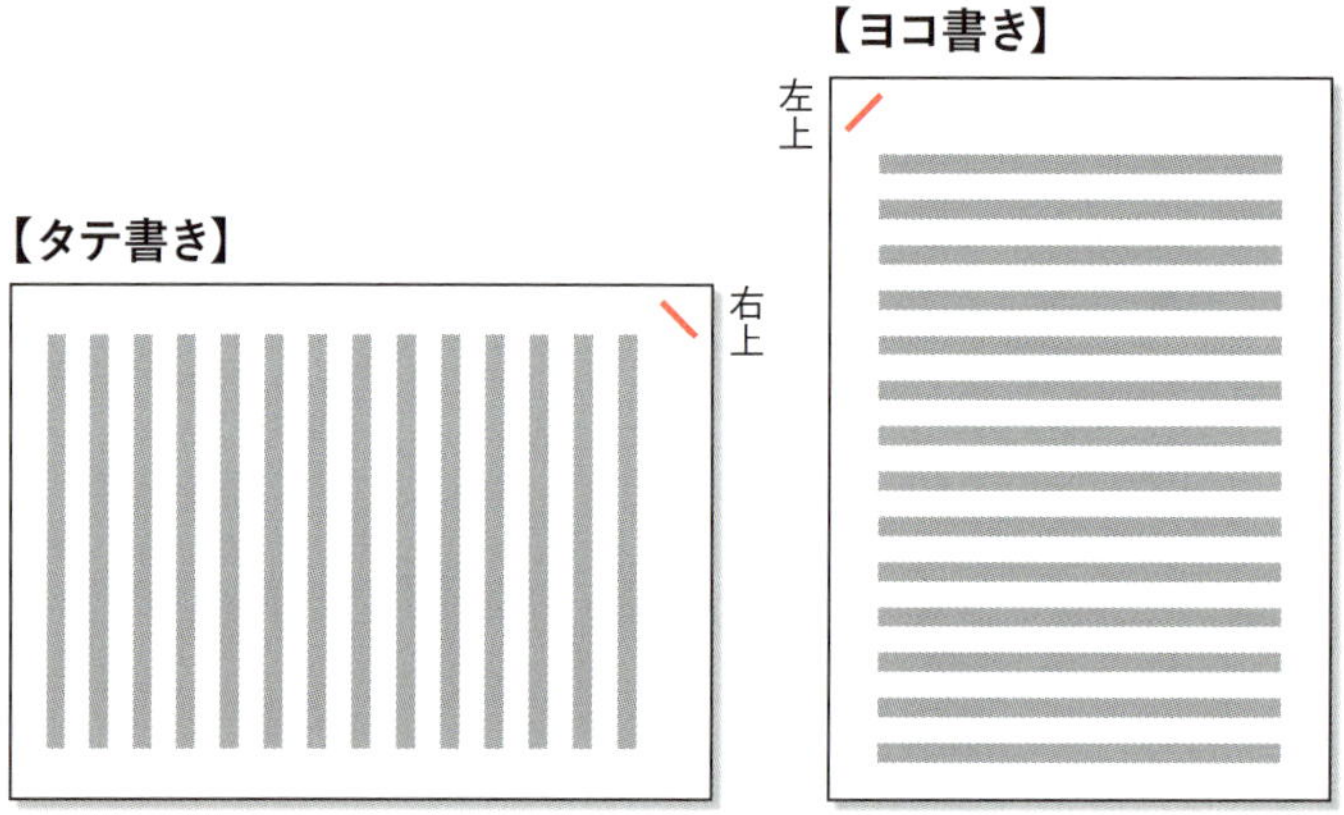

A4・三つ折り

A4用紙のビジネス書類を封書で送る場合は、三つ折りをします。受け取った相手が、何の書類かすぐわかるよう、「請求書」などのタイトル部分が上になるように折り、封書にも、その部分を上にして入れます。

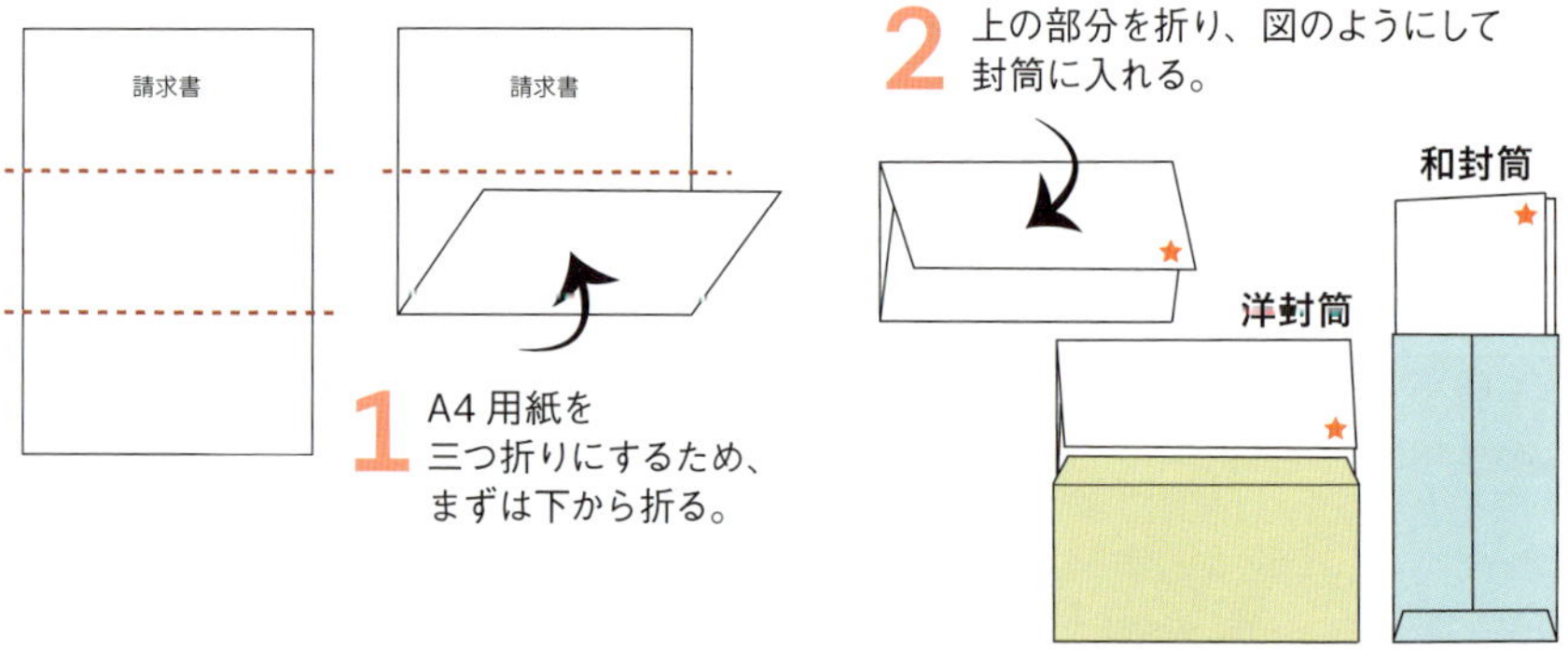

※封を開けた後、相手が読みやすいように
文書を折って入れます。

基本6

人づき合いのマナー

上司、先輩、同僚との人間関係、
取引先やお客様との人間関係を良好に保つため、
コミュニケーションのとり方や、
トラブル回避法を知っておきましょう。

上司・先輩とのつき合い方

POINT

上司や先輩と良好な関係を築くことは、仕事を円滑に進める上で欠かせません。**そのためには、日頃から敬意をもって接すること**が大切です。

✕ Bad 相手への敬意がなく なれなれしい言葉づかいをする

- 指示や依頼に対して、「できません」「無理です」と拒否をする。
- 「はい」ではなく、「うん、うん」と返事をする。
- 上司の話を途中で、「でも」と否定的でさえぎる。
- メモをとらず、何度も同じことを聞く。

この書類の作成を15時までにお願いするよ。
今からだと、明日になっちゃいますけど〜。

○ Good 相手を敬う 言葉づかいをする

承知いたしました。すぐに取りかかります。

◆上司や先輩の話は素直に聞く

ハードルが高めの指示や自分の考えと違うアドバイスでも、どうすればできるかを考えて、前向きに取り組みましょう。

◆相手を敬う

上司や先輩には、敬語を正しく使い、相手を立てることが大切です。信頼関係を築くことができれば、心強い味方になります。

仕事と人生の先輩として敬意をもって接する

新人にとって、上司や先輩は仕事を教えてくれる、いわば先生。**敬う気持ちをもって接するのが礼儀です。**ただし、謙虚と遠慮は違います。**わからないことがあれば積極的に質問したり、相談しましょう。**

ときに上司から注意や指摘を受けることもあるでしょうが、その際は「怒られた」「人格否定された」と、感情的にならないこと。上司は、あなたのした「事実（コト）」を改善してほしいだけで、あなた自身を否定しているわけではありません。自分のことを思ってくれているととらえ、注意されたコトを冷静に分析し、改善策を考えるようにしましょう。

上司や先輩との接し方

呼ばれたとき

作業中でも手を止めて「はい」と元気よく返事をして、呼んだ上司や先輩のもとに行きます。

NG

- パソコン作業をしながら「何ですか」「はーい」などと返事をする。
- 着席したまま、返事をせず、相手の顔だけ見る。

話しかけるとき

仕事中の上司や先輩に大事な用件や相談をするときは、タイミングを見計らって「今、◯分ほどお時間いただけますでしょうか」と話しかけます。

NG

- 忙しそうにしているとき、電話をかけようとしているときに話しかける。

指示を受けるとき

相手の話をよく聞き、内容をメモします。確認のために「〇〇ということですね」などと、指示内容を復唱。疑問点は、その場で聞きます。

NG

- メモとペンを持たずに、「はい、はい」と、ただ聞く。疑問点があっても、何も言わない。

仕事を教えてもらったとき

「ありがとうございました」と、笑顔でお礼を言います。疑問点は、その場で聞きます。

NG

- 無表情で、お礼を言わない。
- 「どうも」「わかりました」とだけ言う。
- 「こうしたほうがいいと思う」など、相手のやり方を否定して自分の意見を言う。

アドバイスを受けたとき

「勉強になります」とお礼を言います。また、「教えていただいた方法で試してみます。ありがとうございます」と、アドバイスされたことを行う姿勢を示します。

NG

- 頭からアドバイスを否定する。
- 「わかりました。そのとおりにやればいいんですね」と、感情的になる。

注意を受けたとき

ミスした場合は、「申し訳ございません」と、素直に謝ります。注意された事実(コト)に目を向け、自分なりに改善策を考え、実行してみましょう。

NG

- 「でも」「だって」と言い訳をする。
- 怒られてショックという感情だけで、ミスしたコトに目を向けない。

同僚とのつき合い方

POINT

同僚とは、プライベートで友だちとして仲よくなることもあります。しかし、職場では公私混同は禁物。**仕事中は節度を守り、上手につき合う**ことが大切です。

Bad ニックネームや「ちゃん」づけで呼ぶ

- 仕事中、業務とは関係ないおしゃべりばかりをする。
- うわさ話や愚痴を言い合う。
- その場にいない人の悪口を言う。
- SNSやプライベートのつき合いを強要する。

○○ちゃん、これコピーしておいて。

Good 仕事中は、ていねいな言葉づかいをする

○○さん、これをコピーしてもらえますか。

◆おしゃべりは慎む

会社は、仕事をする場。仕事中におしゃべりをしたり、はしゃいで笑ったりするのは慎みましょう。

◆適度な距離感をもつ

プライベートにあまり立ち入らず、仕事仲間として一定の距離感をもって接するほうが、よい関係を保てます。

仕事仲間として節度ある接し方をする

同僚は、会社の中で気兼ねなく話ができる存在です。同期入社なら、なおさら親近感があるでしょう。

といっても、同僚はあくまでも仕事仲間。いくら仲よくなっても、会社はキャンパスではありません。公私混同は禁物です。**職場では、友だちに話すような言葉づかいや、一緒にはしゃぐなどの行為は慎みましょう。**

同い年でも、年上・年下でも、職場では同じ立場。**基本的には、敬語の「丁寧語」を使い、節度ある態度で接すること**が大切です。

仕事でお互い助け合いながら、共に成長していける関係を築いていきましょう。

同僚との上手なつき合い方

仕事ではお互いに助け合う

同僚は、よき仲間であり、よきライバル。仕事で困ったときは、お互いにサポートやフォローをして、助け合いましょう。

情報交換を行う

仕事に役立つ情報を交換したり、新しく身につけたスキルを教え合ったりすると、お互いの成長につながります。

One point アドバイス

派遣社員の人などとのつき合い方

正社員だからといって、派遣社員やアルバイト・パートの人を見下すのは禁物。

みんな同じ職場で働く仲間です。正社員か否かで差別してはいけません。しかも、技能をもつ派遣社員や、長年勤めているアルバイトやパートの人は、何も知らない新社会人にとっては、頼りになる存在。仕事の先輩として、敬意をもって接することが大切です。

悪口やうわさ話はしない

人の悪口に同意をしたり、自ら悪口を言ったりするのは、トラブルのもと。信憑性のないうわさ話を信じたり、人に話すのもやめましょう。

プライベートに深く立ち入らない

家族構成、恋人の有無、宗教など、プライベートなことを無理やり聞いたり、詮索したりするのはタブーです。

お金の貸し借りはしない

お金の貸し借りはトラブルのもと。ランチ代、コンビニ代と小さな金額でも、借りたらすぐに返しましょう。貸すときは、「おごった」「あげた」ものと考えるようにします。借金の申込みは断りましょう。

こんなときは?

同僚が外国人のとき

「おはよう」のあいさつをはじめ、積極的に話しかけてコミュニケーションをとりましょう。日本語をあまり理解していないようなら、つたない英語でも話しかけ、日本語もできるだけわかりやすく話します。

また、文化や宗教の違いで誤解やトラブルが生じることもあるので、前もって相手の国の文化や宗教上の習慣を聞いておくとよいでしょう。

人間関係のトラブル対処法

POINT

会社には、いろいろな人がいます。**人間関係のトラブルを対処する方法を知っておくと、一人で悩みを抱え込まずにすみます。**

✕ Bad 誰にも言わずパワハラに耐える

- 対人トラブルを一人で抱え込む。
- 誰かに相談するのもこわい。
- 正当な業務命令を「パワハラ」と騒ぎ立てる。
- 苦手な人に対しては、無視する。

今の若いやつは、こんなことも知らないのか。
……。

○ Good 同僚や上司に相談して解決につなげる

相談したいことがあるのですが……。

◆うわさ話や陰口の輪に入らない

その場にいるだけで同類とみなされ、トラブルに巻き込まれるリスクが高まります。その手の話には軽々しくのらないように注意します。

◆自分の言動に注意を払う

自分が言われてイヤなことは言わないことです。言葉やふるまいには、十分注意を払いましょう。

深刻な対人トラブルは信頼できる人に相談を

会社には、自分と合わない人もいるでしょう。しかし、必要に応じて苦手な人と上手につき合うのも仕事のうちと考え、**日頃からコミュニケーションをとって良好な人間関係を築くことが大切です。**

人間関係のトラブルで、最近、問題になっているのが、パワハラ、セクハラなどに代表されるハラスメント（嫌がらせ）です。もしも**ハラスメントを受けたら、一人で悩みを抱え込まず、信頼できる人（同僚や上司）や相談窓口などに相談を。**

また、何気ないひと言が相手を傷つけることがあります。言動には、十分注意しましょう。

パワハラ、セクハラの対処法

**そのつもりがなくても、受け取る側が嫌がらせと感じれば、
それはハラスメントです。誰もが加害者・被害者になりうると肝に銘じましょう。**

パワハラ

パワーハラスメントの略。優位な立場を利用して、同じ職場の人に精神的・身体的苦痛を与えること。

例えば

- 「役立たず！もう帰っていいよ」などと、無能扱いする。
- みんなの前で、些細なミスを大声で叱責する。
- 殴る、蹴る。
- 物を投げつける。
- あいさつしたり、話しかけたりしても無視をする。
- 根拠のない悪いうわさを流す。
- 終業間際に過大な仕事を毎回押しつける。

こう対処する

嫌がらせされた日時、内容を記録する。

ボイスレコーダーで相手の暴言を記録する。

相談はココ

- 会社の相談窓口（人事労務などの相談担当者など）
- 公的な労働相談窓口
- 弁護士や社会保険労務士

セクハラ

セクシャルハラスメントの略。性差別的な発言、性的な内容の冗談、不必要に体を触るなどの嫌がらせをすること。

例えば

- 「胸が大きいね」などと身体的特徴を話題にしたり、ジロジロ見たりする。
- 「男（女）なんだから…」「怒るなよ、生理か？」と、性差別的な発言をする。
- 「最近どう？」と、肩などを触る。
- 仕事の説明の際、不必要に体や顔を近づける。
- いつも性的な冗談や発言をする。
- 目のやり場に困る服装で出社する。
- 飲んだ後、性的嫌がらせをする。

こう対処する

冗談まじりではなく、**「これはセクハラです。やめてください」**と、はっきり言う。

性的嫌がらせを受けたときは、その場から去ることを最優先にする。

企業は、パワハラやセクハラの防止策に取り組むことを義務づけられています。被害内容によっては、法的措置をとることもできます。そのためにも、被害状況は、なるべく詳細に記録しておきましょう。

要注意！ これもハラスメント

価値観や考え方の違いを認めない姿勢が、何気ないひと言に出て、ハラスメントになることがあります。気をつけましょう。

モラハラ

モラルハラスメントの略。言葉や態度による精神的な暴力のことです。

職場においては、無視、仲間はずれ、侮辱、陰口、暴言、仕事の妨害など、同僚からの「いじめ」はこれにあたります。

一例としては、「仕事ができないくせに、俺と給料は同じなんだよな」、「○○さんって、男好きだよね」など。

容姿や年齢、学歴、既婚未婚、ライフスタイルなどを冗談のネタにするのも、相手が嫌がっている場合、モラハラになります。

マタハラ

マタニティハラスメントの略。働く女性が妊娠・出産、育児を機に、嫌がらせを受けることを指します。「休めていいよね」「お腹が目障り」などのモラハラ発言、自主退職を促すなどのパワハラなどがあります。

相談はココ

- 信頼できる上司や先輩
- 会社の相談窓口
- 公的な労働相談窓口
- 弁護士や社会保険労務士

パタハラ

パタニティ（父性）ハラスメントの略。イクメンに対する嫌がらせです。具体的には、育児休暇をとると出世の道が閉ざされたり、定時に退社すると評価を下げられたりなどのケースがあります。

ケアハラ

ケアハラスメントの略。家族の介護をしながら仕事をせざるを得ない状況の人への嫌がらせです。介護休暇の制度はあっても実際にはとりにくいなどの被害があります。

エイハラ

エイジハラスメントの略。職場内の年齢を理由にした差別や嫌がらせのこと。「だから、ゆとり世代は」と言われたり、若いからという理由で接待を指示されたりするのはエイハラです。

！ 企業は、職場における妊娠・出産・育児休業・介護休業等に関するハラスメント対策を行う義務があります。

社内恋愛での注意点

**会社は仕事をする場です。周囲が気まずい思いをしないよう、
社内での恋愛は節度を忘れずに。**

結婚は具体化するまで秘密に

結婚が決まるまでは、周囲には交際を秘密にしたほうが無難でしょう。誰もが好意的に見守ってくれるとは限らないためです。

仕事場に恋愛感情を持ち込まない

会社では、私的な感情を持ち込まず、仕事に集中します。会社で相手と会っても、ほかの社員と同様に接しましょう。プライベートな会話は控えて。

別れた後も自然にふるまう

別れた場合、お互いに社内で会うのは気まずいかもしれませんが、そのまま仕事を続けたいなら、単なる仕事仲間として切り替え、仕事に集中しましょう。

交際を断るときははっきりと

社内の人からの交際の申込みの返事は慎重に。あいまいな返事は気をもたせるので NG。その気がないなら、はっきりと「ごめんなさい」と断りましょう。

うわさ話を広めない

誰と誰がつき合っているという話を聞いても、軽々しく口外せず、そっと見守りましょう。また、デート中の二人を目撃しても、黙っているようにします。

One point アドバイス 言動を振り返る

突然、同僚たちに無視をされたり、仲間はずれにされたりしたときは、自分の言動が原因で、相手を傷つけていないか、誤解を生んでいないか、振り返ってみることも大切です。

思い当たる点がなければ、毅然とした態度で仕事をすればよいでしょう。どうしても気になる場合は、直接理由を聞いてみても。

こんなときは? 職場の迷惑カップル

職場のカップルは温かく見守りたいところ。でも、なかには就業時間中にイチャついたり、同じ部署なのに有給休暇を同時にとったりする人たちもいます。

角が立たないよう注意するなら、「みんなにバレてもOKなの?」「もう職場公認なんですか?」と心配顔で言えば、本人たちも行動に気をつけるでしょう。

SNSトラブルに注意

POINT

リスクを認識せず、気軽な気持ちで使うと、思わぬトラブルを招きます。社会人である以上、**組織の一員としての自覚をもってSNSを使いましょう。**

✕ Bad 会社への不満を投稿

- 仕事の愚痴や上司の悪口、うわさ話を投稿する。
- 上司へのチャット返信に「りょ」などの略語を使う。
- 社内で撮影した画像を投稿。
- 他人のプライベート情報を投稿。

〇〇さん、ムカツク～！

〇 Good 投稿前には必ず見直しをする

OK!
個人情報は一切含まれていないから大丈夫！

冷静になって、投稿してよい内容かどうかの見極めを。

◆**写真投稿は了解を得てから**

必ず写っている人に投稿してよいか了解をとります。社内でのスナップには、会社の機密情報が写り込んでいる場合もあるので、アップするのは危険です。

◆**社内情報を投稿しない**

上司の評価や社内のうわさ話など、例え機密情報でなくても、むやみに会社の内部情報を投稿するのは控えましょう。

SNSのリスクを認識すること

SNSは、便利なコミュニケーションツールですが、使い方を誤るとトラブルの原因になります。

軽い気持ちで投稿した内容で職場の人間関係を悪くしたり、仕事の愚痴を投稿したら拡散して会社のイメージをダウンさせたりすることも。

プライベートで使っていても、**社会人になったら、組織の一員として見られているという自覚をもつこと**です。SNSのリスクを十分に理解した上で使うようにしましょう。

例え限定公開でも、インターネット上に出ると、削除するのは難しいのが現実。投稿をする際は冷静になって確認することを忘れずに。

SNSの注意点

トラブルを回避するためにも、SNSのNGマナーや注意点を知っておきましょう。

写真投稿は注意する

会社内での写真には、PC画面や重要書類が写り込んでいる可能性も。トラブル回避のためにも親しい人との写真も投稿する際は、必ず確認を。

社内情報は投稿しない

未発表の製品や企画など、企業の守秘義務に反することを投稿すると、自分自身が罪に問われることも。仕事関係者の名前や役職の投稿もNGです。

批判的な内容の投稿はしない

悪口や会社への批判を投稿するのは、トラブルのもと。ハッシュタグをつけると拡散も。こうした投稿は、自身の社会的立場を失いかねません。

会社のPCからアクセスしない

仕事中、プライベートなSNSを見たり投稿したりするのはNG。また、会社のPCからのアクセスは規定違反になることもあるので注意しましょう。

ビジネスで使うときは確認に確認を

仕事で利用する際は、神経質なくらい慎重に。間違った情報でないか、誰かを傷つけることはないかをよく確認してから投稿するようにしましょう。

One point アドバイス　ソーハラにも気をつけて

ソーハラとは、ソーシャルハラスメントの略で、職場におけるSNS上の嫌がらせのこと。具体的には、友だち申請や投稿に対するコメントの強要などを指します。これが、上司によるものなら、パワハラにもなります。

こうしたトラブルを防ぐために、会社で管理できる社内SNSアプリを導入するところも増えています。

こんなときは？　仕事関係の人からの友だち申請

許可しないと未読になるため、相手は無視されていると感じます。許可したくない場合は、放置せず「これはプライベート用なので」と断りを入れ、新たにビジネス用のアカウントをつくって「仕事でご一緒した方にはこちらのアカウントでお願いしています」と、案内しても。

無礼講を勘違いしてない？

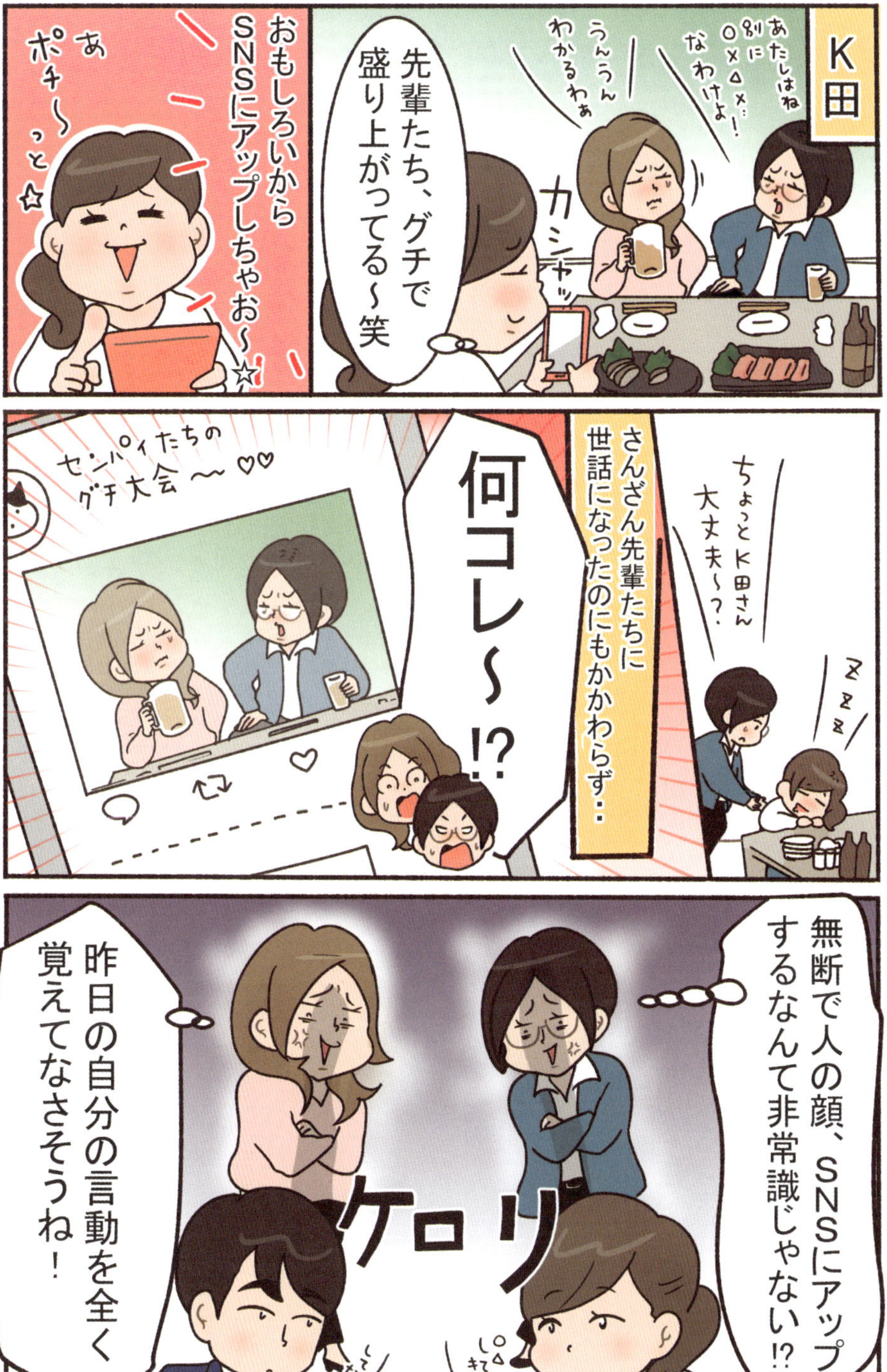
K田
あたしはね別に○×△×:なわけよ!
うんうんわかるわぁ
カシャッ
先輩たち、グチで盛り上がってる〜笑
おもしろいからSNSにアップしちゃお〜☆
あ
ポチ〜っと☆
さんざん先輩たちに世話になったのにもかかわらず・・
ちょっとK田さん大丈夫〜?
zzz
何コレ〜!?
センパイたちのグチ大会〜〜♡♡
無断で人の顔、SNSにアップするなんて非常識じゃない!?
昨日の自分の言動を全く覚えてなさそうね!
ケロリ
○△してきた?
してない

社内行事に参加するときのマナー

POINT

社員同士が交流する場だからこそ、相手を思いやるマナーが求められます。組織の一員として、できるだけ参加してコミュニケーションをはかりましょう。

✕ Bad 仕事ではないからといつも参加しない

- イヤイヤ参加し、不機嫌な態度をとる。
- 無礼講と言われ、目上の人に失礼な物言いをする。
- 無断欠席やドタキャンをする。

仕事以外で、何でつき合わなくちゃいけないの？

○ Good 前向きに参加してコミュニケーションをはかる

隣の部署の人と話せるチャンス！

◆協調性を大切に

多くの人が参加する行事では、協調性が大切です。時間厳守で、自分勝手な行動は慎みます。

◆節度を守る

上司や先輩にはいつもどおり礼儀正しく接しましょう。上司が「無礼講」と言っても、羽目をはずしすぎてはいけません。

マナーを心得て親睦を深める

会社でのイベントの**目的は、社員同士の交流を深め、連帯感を引き出して仕事をスムーズに進めることに**あります。

参加するか否かは自由ですが、普段は交流のない人と話したり、上司や先輩の経験談などを聞けたりする貴重な機会。仕事中ではわからない人柄にも触れられるなど、**参加すればこそのメリットもあります。前向きに参加するとよいでしょう。**

なお、飲み会やボーリング大会などのレクリエーションでも、学生気分で羽目をはずすのは禁物。上司や先輩には気を配り、失礼のないようにします。

社内イベントでのポイント

社内イベントは、遊びではありません。社会人の自覚をもって、マナーを心得た交流をしましょう。

積極的に交流する

せっかく参加しても、誰とも話さない、つまらなそうな態度をしていると、印象が悪く損することも。あまり話したことがない人にも、笑顔で積極的に話しかけるようにしましょう。

社員旅行などは時間厳守

社員旅行では、集合時間やルールを守り、集団活動を乱さず、協調性を大切に行動しましょう。職場とは違うフレンドリーな雰囲気になっても、上司や先輩には礼儀正しく接するようにします。

レクリエーションでも気配りを

バーベキューや卓球大会などのレクリエーションでは、楽しみながら場を盛り上げましょう。準備や後片づけも「**何かお手伝いすることはありませんか**」と声をかけ、率先して働きましょう。

常に上司と先輩は立てる

無礼講の席でも、目上の人には普段どおり敬意をもって接しましょう。お酒の席でお酌をするのも、コミュニケーションの一つです。仕事に役立つ話が聞けるかもしれません。

One point アドバイス

飲み会でも「無礼講」はない

無礼講とは、「身分に関係なくお酒を楽しもう」という趣旨。飲み会で、上司に「無礼講」と言われても、「何をやっても許される」という意味ではありません。

目上の人に対して、敬語を使わず、なれなれしい態度で接したりするのは、マナー違反です。酔って羽目をはずすのも、周囲に迷惑をかけます。飲み会でも、周囲への気配りとマナーを忘れずに。

こんなときは?

気が進まないとき

「プライベートを優先したい」「つまらなそうだから参加したくない」と、ストレートな理由で欠席するのは禁物。その後の人間関係を良好に保つ言い方にします。

残念ながら、今回は
予定があるため
参加できませんが、
次回は参加したいと
思います。

飲み会の幹事の心得

POINT

参加者に喜んでもらえる飲み会にするためには、さまざまな気配りが必要になります。仕事に役立つスキルが身につくと考え、前向きに取り組みましょう。

✕ Bad 自分第一で店を選ぶ

- 飲み会の目的や参加者の傾向を考えない。
- 来賓や上司の都合を考えず日程を決める。
- 一人で全部仕切ろうとする。
- 事前の下見をしないで店を決める。

タイ料理が食べたいからお店はココかな…。

◯ Good できるだけ多くの人が楽しめるお店を選ぶ

部長と課長の好みで和食だな。

◆日程は上司や主役優先で

全員の希望が一致しない場合は、上司や会の主役の日程を優先しましょう。

◆先輩にアドバイスを求める

先輩に、上司の料理やお酒の好み、これまでどんな店で行ったかを聞いて参考にしましょう。

幹事の経験は仕事のスキルに

「飲み会の幹事なんてやりたくない」という人は多いものですが、頼まれたら、仕事のスキルアップにつながるととらえて前向きに引き受けましょう。実際、**幹事の仕事には、段取り力、コミュニケーション力、交渉力が必要で、これらは仕事上でも欠かせないスキル**です。

まずは、幹事の仕事を手伝ってくれそうな同僚に当日の役割分担をお願いし、幹事経験者の先輩に相談役を引き受けてもらうのが得策です。幹事になったことで、これまで接点のなかった先輩と話す機会が増えるなど、社内の人脈が広がるメリットもあります。

幹事の仕事の流れ（忘年会の場合）

1 日程を決める

社内メールや口頭などで忘年会を行うことを知らせ、全員に日程の都合を聞く。日程調整アプリなどを使うとスムーズ。

2 店を選ぶ

参加人数、参加者の食べ物やお酒の好みを考慮して、みんなが楽しめる店を選んで予約する。下見をして、テーブルの配置、個室の雰囲気などを実際に目で見てチェックする。

3 席次を決める

下見を参考に、誰がどこに座るか席を決める。上司（または主役）の席は、入り口から奥まった上座、または参加者の真ん中になるような席にする。おおまかでも決めておくと、当日スムーズに案内できる。

4 宴会

幹事が司会進行役に。乾杯前のあいさつは、上司に前もってお願いしておく。

料理やお酒が行き渡っているか気を配りつつ、話を盛り上げるよう心がける。余興やゲームをする場合は、あらかじめ頼んでおいた人に披露してもらったり、協力をしてもらったりする。

5 支払い

飲み放題つきなどのパック料金の場合は、前もって徴収しておき、終了時間20分ほど前に先に支払いを済ませる。その際、領収書をもらうのを忘れずに。その場で参加費をもらう場合は、モレがないよう徴収をし、確認してから支払う。

6 閉会

場を見ながら、終了10分前くらいに、**「宴もたけなわですが、お開きの時間が近づいてきました」**とあいさつし、あらかじめお願いしていた上司にひと言、あいさつをお願いする。上司の希望があれば、手締めだけ先輩にお願いしても。

仕事関係者との酒席のマナー

✕ Bad 自分だけ、どんどんお酒を飲む

- 酔っぱらって人にからむ。
- 飲めない人にお酒を無理にすすめる。
- 自分のお酒ばかり注文する。
- 会話をせず、ずっとスマホをいじる。
- おごってもらって当たり前の態度。

〇 Good 気配りとしてお酌をする

お酒は、目下からお酌をするのがマナーです。

◆節度と品位を忘れない

酒席では、社会人としての節度ある飲み方、品位あるふるまいを心がけましょう。

◆目上の人の話をよく聞く

目上の人の聞き役になると、会話もスムーズ。相手も好印象をもってくれます。

POINT

上司、先輩、取引先の人とのお酒の席は、あくまでも仕事の延長です。良好な関係を保つためにも、節度あるマナーが求められます。

ビジネスの酒席は若手らしく気配りを

会社の人や取引先の人との酒席は、フランクな雰囲気になっても仕事の延長であることを忘れてはいけません。飲み過ぎて記憶を失うなどは、もってのほか。**社会人として、節度あるお酒の飲み方**をしましょう。

また、お酌をしたり、相手のグラスを見て空になりそうなときは「次は何になさいますか」と、**若手らしい気配りを忘れずに。**

ビジネスでのお酒の席は、コミュニケーション、情報交換の場。仕事にもプラスになるほか、その後の人間関係も円滑になります。最初から「面倒くさい」と敬遠するのは、もったいないことです。

お酒のつぎ方・受け方

ビール

●つぎ方

ラベルが見えるように上にして、右手で瓶の中ほどを持ち、左手で支えてゆっくりとグラスの７分目まで注ぐ。残りが少ない瓶から注がない。

●受け方

両手でグラスを持ち、相手が注ぎやすい位置に差し出す。

日本酒

●つぎ方

徳利の中ほどを右手で持ち、左手で支えて、徳利の口を杯に触れない位置から、ゆっくりと杯の7～8分目まで注ぐ。

●受け方

右手で杯を持ち、左手を添えて、差し出す。

ワイン

●つぎ方

ラベルが見えるように上にして、右手で瓶の底を包むように持ち、グラスに触れないようにして、ゆっくりとグラスの3分の1くらいまで注ぐ。

●受け方

グラスはテーブルの上に置いたままでついでもらう。

※ワインはお店の人についでもらうのが正式。カジュアルな店では客同士でOK。

こんなことにも気をつけて

お酌の申し出、一度は受ける

マナーとして、一度は受けるようにしましょう。また、ひと口飲んだら、相手にも「**どうぞ**」と、お酌をしましょう。

乾杯するときは、相手よりグラスを低く

目上の人と「乾杯」と杯を重ねるときは、相手のグラスより高く上げないようにします。

お酌を断るときのフレーズ

「**もう十分いただきました**」と杯やグラスを手で覆います。または、「**申し訳ございません、飲めないもので**」と、会釈します。

飲めなくても、かたちだけ「乾杯」を

最初にお酒が配られてしまった場合、乾杯のときだけ、飲まなくてもグラスに口をつけます。あとはソフトドリンクに。

接待をするときのマナー

Bad 自分の話ばかりをする

- 先方より遅れて店に到着する。
- 取引先や上司に対して失礼な物言いや態度をする。
- 政治、宗教、学歴、自社の自慢話、触れてはいけないことを話題にする
- 自社の自慢話をする。

僕は南の島とジャンキーな食べ物が好きで……。

Good 相手が楽しめる話題を提供する

魚釣りがご趣味と伺いましたが…。

◆接待相手のことをリサーチ

新人は、基本的に聞き役に徹するのが無難ですが、趣味や食べ物の好みなど、上司や先輩から聞いておくと、会話がはずみます。

◆取引先や上司を立てる

取引先の人や上司が気持ちよく過ごせるように気配りをします。

POINT

接待は仕事としてとらえ、**相手をもてなす気持ちを第一に接します。**お酒の席を設けて行いますが、相手に失礼のないふるまいをしましょう。

接待は仕事の一環 もてなす気持ちが大切

取引先への**日頃の感謝や今後の関係強化などの気持ちを込めて、酒宴を設けてもてなすのが〝接待〟です。**

上司と同行して接待をする際は、**相手をもてなす気持ちをもって、失礼のないよう接します。**相手の話に耳を傾け、スムーズな会話を心がけましょう。

ただし、結婚や子どもの有無、宗教など、プライベートに深く立ち入った質問をするのはNG。会話のきっかけは、「ウイスキーがお好きなんですか」「この魚料理はおいしいですね」など、たわいない話題からでOK。相手を楽しませることに徹しましょう。

接待をするときの流れ

おおまかな流れを知っておくと安心です。わからないことは上司や先輩に聞き、当日も上司の対応のしかたをよく見て、その後の参考にしましょう。

1 店で出迎える

当日は早めに店へ行き、上司とともに入口で出迎える。相手が到着したら「**本日は、お忙しい中ご足労くださり、ありがとうございます**」と、お礼を述べる。

2 宴席

全員が揃ったところで主客を紹介し、その後、主催者側（上司）があいさつ。「乾杯」後は、なごやかに会食をする。

3 会計

上司や先輩に頼まれていたら、会計をする。終了時間10分くらい前に、さりげなく席を立って支払いをすませる。必ず領収書をもらうことを忘れずに。

4 お開き

予定の時間になったら、主催者（上司）のあいさつでお開きにする。

5 お見送り

タクシーなどはあらかじめ手配しておく。店の外で待ち、見送る。手土産があれば、このとき渡す。最後に「**本日は、いろいろお話を伺い勉強になりました。今後ともどうぞよろしくお願いいたします**」と、ひと言お礼の言葉を添えるとよい。

6 お礼の連絡

翌日、出社したらすぐに、「**昨日は、ありがとうございました**」と、お礼のメールを送る。

One point アドバイス 接待の店選び

上司から、店選びを任されることもあるでしょう。その際は、接待相手にふさわしい少し格上の店を捜すのがポイント。通常は、個室が前提です。

食の好みを上司や先輩などからリサーチし、相手の会社からの利便性も考慮して、適した店を何軒かピックアップします。最終的には、上司に相談して店を決めましょう。

こんなときは？ 接待相手がお酒を飲まない

接待は、酒席を設けてもてなすものですが、相手が飲めない人なら料理を楽しんでもらえるような、味が評判の店を選びます。または、景色がよいところでの会食など、相手に喜んでもらえる店や場所に。

相手と合わせてノンアルコールにする必要はありませんが、お酒は1、2杯にとどめて、会話を楽しむようにしましょう。

接待を受けるときのマナー

POINT

接待を受ける場合でも、**若手として気配りを忘れずに**。**目上の人に対して横柄な態度は禁物**です。あくまでも控えめに、もてなしを受けましょう。

✕ Bad 接待される側だからと偉そうな態度をとる

- 接待の誘いを上司に報告しない。
- 丁重に扱われて偉そうにする。
- すすめられるままに飲み過ぎる。
- 口が滑って会社の内情を話す。

その件なら大丈夫ですよ。

○ Good 謙虚な態度で接する

本日はありがとうございます。

◆偉そうな態度はNG

「いばらず、かしこまりすぎない」ことを心がけましょう。相手に対して謙虚な姿勢で、なおかつ楽しく過ごすようにします。

◆接待の誘いは上司に報告、判断を仰ぐ

個人的に誘いを受けたら、即答せず、上司に相談しましょう。相手の意図を考えて、慎重に返事をします。

丁重なもてなしに舞い上がらない

新人でも、自分の上司が接待を受けるときに同行し、一緒にもてなしを受ける場合があります。ただし、接待を受ける立場だからといって、**飲み過ぎたり、失礼な態度をとるのは厳禁**です。

会食中は、周囲のペースに合わせながら、食事や会話を楽しみます。黙っているのは、かえって失礼です。なお、会話の中でも**上司や相手を立てることを忘れない**ように。接待を受けた後は、必ずお礼の言葉を伝えます。また、「今度一席設けたいのですが、ご都合はいかがですか」と個人的に誘われたときは、独断で決めず、上司の判断を仰ぎます。

上司と接待を受けるときの流れ

相手は「会社」を接待しているのですから、身だしなみに十分気を配り、礼儀正しくしましょう。飲み過ぎたり、相手の悪口を言ったりするのは論外です。

1 上司から注意事項を聞いておく

接待のしかた、受け方がわかる絶好のチャンス。注意事項などがあれば、前もって上司に聞く。

2 宴会

接待のキーパーソンは、あくまでも上司。同行者は謙虚な姿勢でふるまうこと。とはいえ、せっかくの相手の好意なので、一緒に会話を楽しんで。

二次会は上司と相手で話すことになることが多いので、辞去するのがベター。

3 お礼

最後にお礼を言う。また、翌朝一番で、お礼のメールまたは電話をする。

One point アドバイス 時間を守る

接待を受ける側とはいえ、あまり早く到着してしまうと、相手の段取りを狂わせてしまうので、当日は定刻に到着するようにします。

相手に迷惑をかけないためには、早過ぎても遅刻してもいけません。

到着したら、「本日はお招きくださり、ありがとうございます」と、あいさつをします。

こんなときは？ 接待を断るとき

自分勝手な判断をせず、上司に相談してから返事をします。なお、社内規定で接待を受けられない場合は、「お誘いありがとうございます。会社の規定で禁止されておりますので、申し訳ございません」とていねいに伝えます。相手に何らかの目的があり、それに応じられない場合は、「あいにく仕事が立て込んでおりまして」と、多忙を理由に断るとよいでしょう。

取引先の人と会食するとき

Bad 出しゃばって自己アピールする

- 一番に入店し、真っ先に席に着く。
- 人の話を聞かない。
- 上司の話の意図を読まない。
- プライベートな質問をする。
- ただ黙って座っている。

私に任せていただければ△※◎

Good 相手が話したくなる質問をする

バードウォッチングがご趣味と伺いましたが……。

◆社外の人を上座へ、自分は下座に控える

社外の上位の人から順番に、上座へ案内しましょう。若手は入口に近い下座で雑用をこなします。

◆和やかに会話が進むよう気配りをする

相手が言い出すまでは家庭に関する話題は控え、気候、流行、健康、旅行、趣味などをテーマに話をつなげていきましょう。

POINT

接待の宴席に限らず、打ち合わせの後などに取引先の人と食事をするときは、**席次や会話の内容に気をつけて、失礼のないようにしましょう。**

失礼のない席次と話題選びで和やかに

取引先の人と**会食をするときは、座る席の場所（席次）に気をつけましょう。**席次に則ってスマートに案内すると、マナーを知っている人と、相手に好印象を与えます。**新人など若手は、入口から最も近い席（下座）に座ります。**

会食は仕事の延長ですが、食事をしているときはビジネスの話は避けます。なお、相手が話すまでは家庭に関する話題は控え、気候、流行、健康、旅行、趣味などをテーマに、**和やかに会話が進むように気配り**をすることが大切です。良好な人間関係の構築を心がけ、積極的に会話をするようにしましょう。

会食のときの席次

入口から最も遠い席が上座、最も近い席が下座ですが、お座敷では、床の間の位置によって上座が変わります。迷ったら、お店の人にそっと確認を。

★数字は席次の順位で、❶が最上席。会食の場合、取引先で役職の高い人が❶の最上席になる。

●洋室（テーブル席）

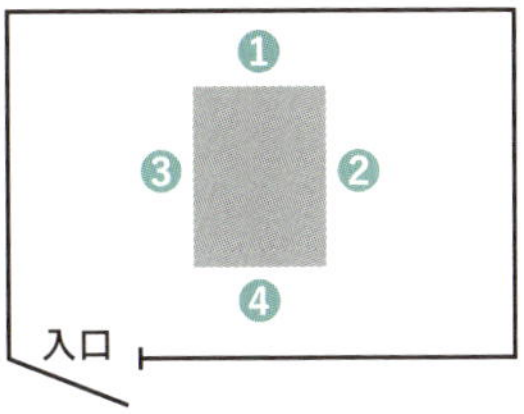

入口から最も遠い席が上座。ただし、❷の背側にある窓の眺望がすばらしい場合などは❸が上座になります。

●和室（座敷席）

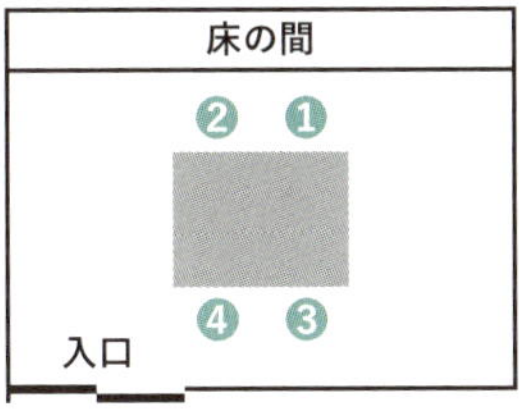

入口の正面に床の間がある場合は、床の間に近い席が上座で、入口から最も遠い席が最上席になります。

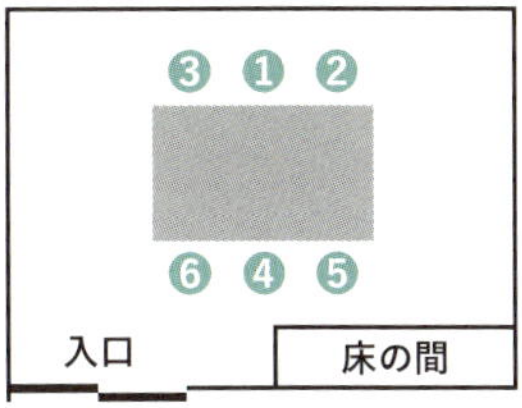

入口に並んで床の間がある場合、入口から遠い席が上座になります。6人の場合、奥の中央席が最上席になります。

●円卓席

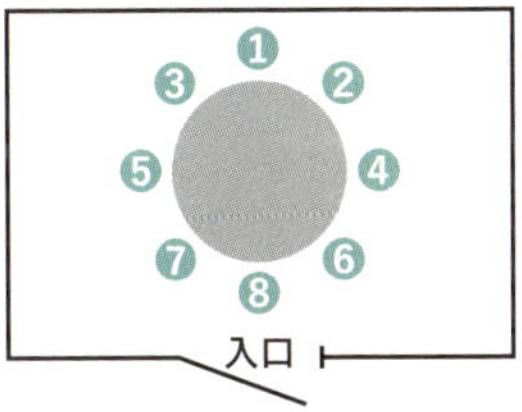

入口から最も遠い席が最上席になります。

◉和室での注意点

座布団の上を歩くのはマナー違反。席に着くときまで、座布団にはのらないようにします。

また、掘ごたつ形式ではないお座敷では、正座が基本ですが、男性ならあぐらでもOK。女性の場合は、しびれてきたらそっと足を崩すか、最初から「申し訳ございません。足を崩させていただきます」と断り、座るようにします。

One point アドバイス　急な会食であわてないために

カジュアルな服装で出社した日、急に取引先の人との会食の予定が入ることもあるでしょう。

そんなとき、ロッカーに紺やグレーのジャケットを一枚入れておくと、あわてません。ジャケットを着るだけで、きちんとした印象になります。また、新しい靴下やストッキングも入れておくと、会食の場所が座敷でも安心です。

こんなときは？　招待された店に一番乗り

少し早めに到着してしまったときは、店には入らず、少し離れたところで時間がくるまで待ちましょう。ロビーやウエイティングルームがあれば、そこで待つようにします。

待つ場所がなく、店の人に部屋へ案内されたときは、とりあえず入り口に一番近い下座に座ります。招待されているとはいえ、勝手に上座に座るのはNG。

立食パーティーのマナー

POINT

ビジネスにおけるパーティーで多いのが、立食スタイル。立食ならではの料理の取り方、グラスの持ち方、ふるまいのマナーを知っておくと、失礼がありません。

✕ Bad 誰とも話さず スマホを見ている

- ずっとイスに座っている。
- お皿に料理をてんこ盛りにする。
- 歩きながら食べたり飲んだりする。
- 料理が並ぶテーブルに食べ終えた皿を置く。

初対面の人と話すのは苦手なんだよな……。

○ Good 初対面の人にも 笑顔で話しかける

○○さんとはお仕事でご一緒されているのですか？

◆大勢の人と交流する

同じ人と話し込んだり、1カ所に数人で固まったりせず、会場内を移動しながら、大勢の人と交流しましょう。

◆スピーチ中は静かに

主催者のあいさつ、主賓のあいさつなどのスピーチ中は、おしゃべりをやめて、話に耳を傾けるのがマナーです。

積極的に話しかけて交流を

立食パーティーは、通常ビュッフェスタイル。**たくさんの人と交流して人脈を広げることに努めましょう。**

まず、会場で受付をすませたら主催者にあいさつをします。上司が一緒の場合、同行しながら名刺交換をしますが、雰囲気に慣れてきたら、自ら初対面の人にも積極的に話しかけましょう。

就任パーティーなどに招待された場合、男性はビジネススーツ、女性はスーツかワンピースで。なお、華やかさをプラスするなら、アクセサリーやヘアスタイルで工夫します。また、歩き回るので、**靴は足が疲れないものにしておきます。**

立食パーティーでの注意点

立食パーティーでは、歩きながら食べたり飲んだりするのはマナー違反です。移動するときは、皿は置き、グラスだけ持って歩きます。

●会話はスマートに

会話をするときは、握手できるよう右手を空けておくのが正式のマナー。

●話を聞くときは皿とグラスを置く

主催者や来賓が壇上であいさつなどをするときは、皿もグラスもテーブルに置いて話を聞き、終わったら拍手をします。

●名刺交換

サイドテーブルに皿とグラスを置き、両手で名刺を差し出します。

●グラスの持ち方

氷の入ったグラスは、水滴が落ちるのを防ぐために、グラスの下半分にペーパーナプキンを巻きつけて底をおおって持っても。

●食べ方のマナー

食べたい料理を2～3種類選んで盛りつけます。皿は料理をとるたびに取り替えましょう。空いた皿はサイドテーブルに置きます。

●イスに座るのは短時間

足が疲れたときはイスに座ってもOK。ただし、長々と座り続けないこと。

●女性は小ぶりなバッグを

女性は、両手が開くよう小ぶりのワンショルダーやポシェットなどを。

Column

食事のマナー

食事のマナーの基本は、一緒に食事をする人に不快な思いをさせないこと。ビジネスの場に限らず、社会人であれば身につけておくべきマナーです。最低限のマナーを知っておけば、取引先との急な会食にもあわてず、スマートにふるまうことができます。

基本マナー

●姿勢よく座る

食事をするときは、姿勢よくします。イスの背もたれに寄り掛かる、足を組むのは行儀がよくありません。また、テーブルにひじをついて食事をするのもNGです。

●料理を口に運ぶとき、手皿をしない

食べ物を口に運ぶとき、箸を持っていない手のひらを皿のようにする「手皿」は、作法としてNG。実際に食べ物が落ちたら、そのまま口にするしかありませんし、手も汚れます。小皿や碗を使いましょう。

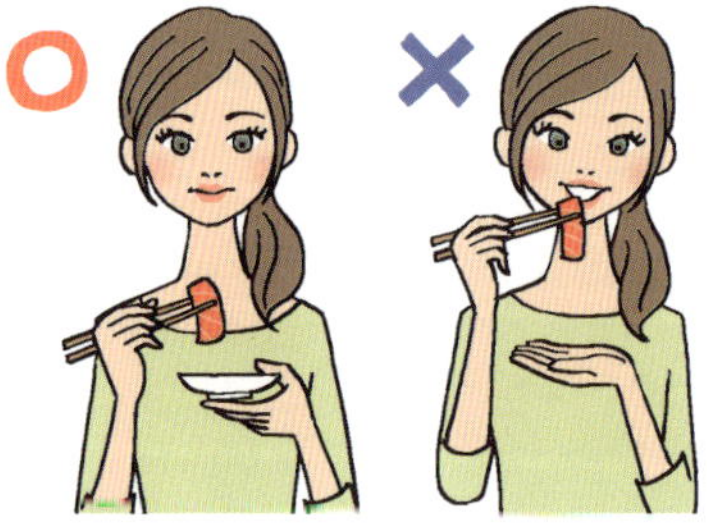

●食事のペースは、周囲と合わせる

食事は、同席者の食事のペースと合わせます。自分だけ早く食べ終えるのは、同席者を急かすことになります。また、遅過ぎても相手を待たせて失礼です。

●スマホや携帯電話はオフかマナーモードに

食事中は電源をオフにするか、マナーモードにします。どうしても出なくてはいけない電話は、「大変申し訳ございません。少し失礼いたします」と言って席を立ち、店の外やロビーなどで話しましょう。

●食事の途中は席を立たない

食事の間は、席を立たないのがマナー。トイレは着席前にすませておきましょう。なお、中座する場合は、運ばれてくる料理の合間を見計らい、「大変申し訳ございません。少し失礼いたします」と言ってからに。

●写真を撮るときは了解を得る

料理写真をSNSにアップする際は、店の人や同席者に了解を得ましょう。また、食事中にスマホをずっといじるのは、行儀がよくありません。食事をおいしくいただくためにも、周囲への配慮を忘れずに。

和食

和食のマナーで気をつけたいのが箸づかいです。相手を不快にさせる「嫌い箸」(下記参照) は、やってはいけません。慣れるまで、十分に意識して箸を使うようにしましょう。

この箸づかいはNG✕

寄せ箸 器の中に箸を入れてそのまま引き寄せる。	**刺し箸** 料理に箸を突き刺して口に運ぶ。	**迷い箸** どれを食べようかと、器の上で箸をあちこち動かす。	**探り箸** 器の中をかき回して食べたいものを探す。
渡し箸 箸を器の上に渡して置く。	**ねぶり箸** 箸先をなめる。	**ちぎり箸** 両手に箸を1本ずつ持って料理をちぎる。	**もぎ箸** 箸についたご飯の米粒を口でとる。
握り箸 箸を握ったまま。	**かき込み箸** 直接、器を口につけて箸で食べ物をかき込む。	**振り上げ箸** 話しながら箸を振り回す。	**指し箸** 話しながら箸で人のことを指す。

★箸置きがない場合、小皿のふちにかけるか、箸袋を折って箸置きに使うとよいでしょう。

割り箸

割り箸は、ひざの上で、箸を縦ではなく横にして、上下に開いて割ります。

NG
- 高いところで音を立てて割る。
- 膳の上で割る。
- 割った後にこする。
- 口を使って割る。

刺身の食べ方

盛りつけを崩さないよう、手前から食べます。わさびは、しょうゆにつけず、刺身に少量のせていただきます。このとき、左手を受け皿にする手皿はNG。

蓋つき碗の扱い方

左手を碗に添え、右手で蓋を持って開け、碗の上で水滴を切ります。蓋は内側を上にして右側に置き、食べ終わったら蓋をします。

NG
- 蓋をふせて置く。
- 食べ終わった後に蓋の内側を上にする。

◎蓋つき茶碗でお茶を出された場合も、蓋の扱い方は同じ。

洋食

洋食は、音を立てて食事をするのはマナー違反。会話も周囲に迷惑にならないトーンにする配慮を。また、洋室は右側が上位なので、立ち座りは左側から行いましょう。

カトラリーの使い方

フルコースで、カトラリー（ナイフ、フォーク、スプーンの総称）がセットされている場合は、「左右に並んでいる外側から」「前方に並んでいる奥のほうから」使います。

ナプキンの使い方

- 料理が運ばれてきたら、ナプキンを二つ折りにしてひざに広げます。口元を拭くときは、ナプキンの端の裏側を使います。
- やむを得ず中座する際は、ナプキンをイスの上に置きます。退席する際は、軽くたたんでテーブルの上に置きます。

これは NG

- 落としたカトラリーを自分で拾う。
- スープをズルズルとすする、食器類をカチャカチャと音を立てて使う。
- 料理のシェアをする。
- バッグをイスにかける。

ナイフ&フォークのサイン

「お皿を下げないで」

食事の途中で、まだ下げないでほしいときは、皿の上に「ハ」の字に置きます。

「ごちそうさま」

お皿を下げてほしいときは、ナイフ（刃は内側に）とフォークを揃えて４時の方向に置きます。

中国料理

円卓のターンテーブルの場合、料理が運ばれたら、主賓から料理をとってもらい、時計回りにゆっくり回しながら、一人ずつ料理をとっていきます。中国料理は、主賓であっても自分で料理をとるのがマナーです。

※大皿料理を「とり分けますか」と聞いてくれる店の場合は、とり分けをお願いしてもよいでしょう。

小籠包（ショウロンポウ）の食べ方

れんげにのせ、箸で皮を少し破ってスープを飲み、その後、皮と具を一緒に食べます。

麺類の食べ方

一口分の麺をれんげにとって食べます。スープもれんげを使って飲みます。

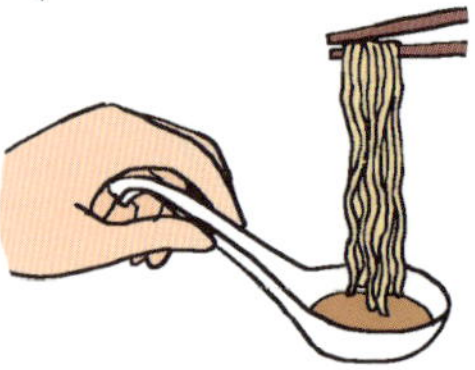

これは NG

- ターンテーブルを左右に回す。
- 自分でとった料理を残す。
- ターンテーブルにビール瓶、自分の皿や飲み物を置く。
- 人の分もとり分ける。

基本7

冠婚葬祭のマナー

不謹慎なふるまいをして
周囲を不快にさせないよう、
社会人として冠婚葬祭のしきたりやマナーは
身につけておきましょう。

お見舞いのマナー

×Bad 相手の病状を考えず、自分本位に見舞う

- 面会時間を無視する。
- 長居をする。
- 大人数で入院先へ押しかける。
- 高額すぎる見舞金や用途に困る品物を贈る。
- 見舞い先で無神経な言動を連発する。

外回りの途中で見舞いに行くか…。

○Good 面会できるかどうか事前に病状を確認する

△山課長の奥様に確認したところ、来週には面会できるとのことです。

上司や同僚の入院見舞いは、課の代表者2名くらいで行くのが適当。

◆お見舞いにふさわしい品を選ぶ

生花は持ち込みを禁止している病院が増えているので確認しましょう。また、置き場所に困るものは避けます。

◆災害見舞いは相手に必要なものを聞く

被災直後は、現金より身の回り品などが喜ばれるので、まずは必要なものを相手に直接確認します。

相手とご家族に配慮した方法で見舞う

上司や同僚が病気などで入院した場合、部署の人や有志など、何人かでお金を出し合って、現金や品物を贈ったり、代表者数名でお見舞いに出向いたりすることがあります。

その際は、**お見舞いのタイミングや品物の選び方、現金の贈り方などで、失礼がないように**することが大切です。

災害見舞いの場合、**現金を贈るのは、状況が落ち着いてからにします。**まずは、何が必要か相手に直接聞いて、できるだけ早く調達することがお見舞いになります。場合によっては、現地に行き、手伝いを買って出るのもよいでしょう。

POINT

病気見舞いは、まず**相手の容体を確認することが大切。**面会するときは、服装や面会時間、話題などに注意し、思いやりの気持ちを忘れずに接しましょう。

現金を贈るとき

現金を贈る際は、二度とないようにと紅白の結び切りに。
蝶結びは、何度あってもよいという意味になり失礼です。

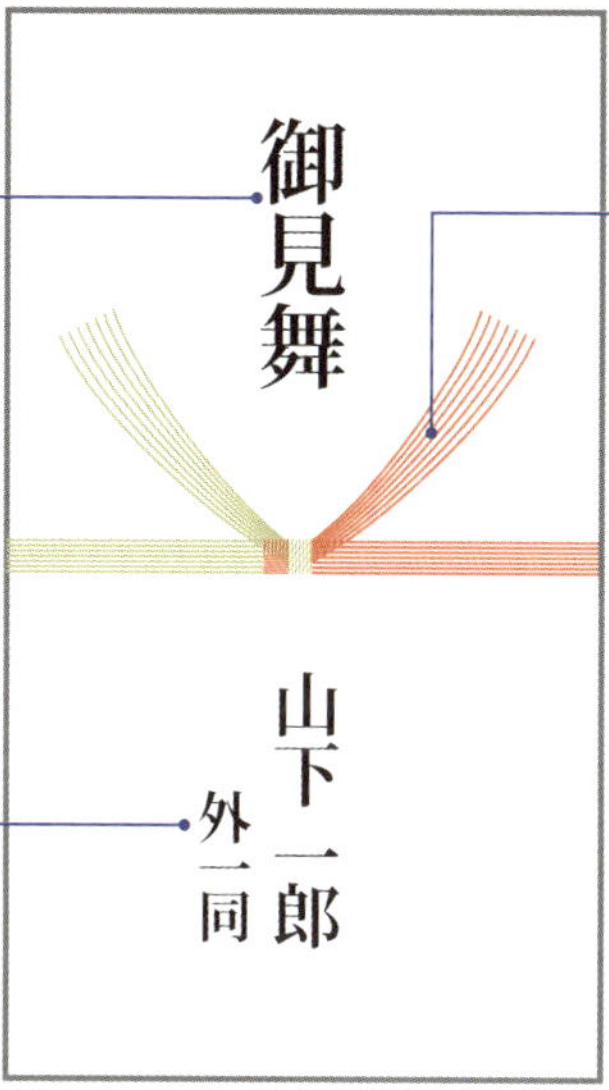

表書き

表書きは上段中央に「お見舞い」または「御見舞」。

名前

下段中央に上段より小さめにフルネーム。連名の場合は3名まで、または代表者名のみ書き、その左側に「外一同」と書く。

※中袋には、金額、全員の名前を記入。中袋がない場合は、外袋の裏に書く。

水引とのし

のしなし。紅白結び切りの水引。白無地封筒でも。

金額の目安

●**病気見舞い**

職場関係 ― 3000円または5000円

友人・知人 ― 3000円または5000円

親族 ――― 5000円または1万円

※4、9は縁起が悪いので避ける。

●**災害見舞い**

相手を問わず ― 1万円以上

病気見舞いの品物

病院へのお見舞いは相手に気をつかわせないことが大切。
品物や実用的なものや、気分転換になるものが喜ばれます。

OK

- 肩掛けやひざ掛け、雑誌類、病院のテレビ視聴カードなど。
- 品物にかけ紙をする場合、のしなし紅白の結び切り。
- ○○課一同で贈るなら、カード代わりに寄せ書きも一案。

NG

- 生花は感染やアレルギー予防の観点から禁止している病院が増えているため避けたほうが無難。
- 食事制限の妨げになる飲食物。
- 大きなぬいぐるみなど置き場所に困るもの。

◆病院へ見舞うとき

派手な服装、香りの強い整髪料や香水などは控えます。休職中の相手には仕事の話は控え、明るい話題を心がけ、病状に関して立ち入った質問は避けましょう。滞在は、長くても20～30分にとどめます。

◆災害見舞で気をつけたいこと

- 現地までの交通やライフラインの状況を報道などで確認してから、お見舞いの方法を決めます。
- 現地に行く場合、移動、宿泊、食事はすべて自己負担が原則です。

お祝いのマナー

POINT

お祝いの贈り物には、贈ってよいものと悪いものがあります。**相手に失礼がないもの、喜んでもらえるものを贈る**ようにしましょう。

お祝いの気持ちを失礼のないかたちで贈る

結婚・出産、定年退職したりする職場の人に、お祝いの品物を贈ることがあります。**「おめでとう」の気持ちを形にする贈り物は、相手が必要としているもの、喜ぶものを贈るのが一番。**結婚祝いや出産祝いは、贈り物が重複しないよう、あらかじめ相手に希望を聞いて贈るとよいでしょう。同じ部の人とお金を出し合えば、一人では無理なものも贈ることができます。

昇進祝いや定年退職祝いは、会社の慣習に従うのが基本です。

なお、**あまりにも高価な品は、相手が恐縮します。**特に上司や先輩に高額な品を贈るのはNGです。

✕ Bad 先輩に高価なものを贈る

- 自分の好みや趣味で品物を選ぶ。
- 縁起が悪い品物を贈る。
- 高額過ぎる品物やご祝儀を贈る。

やっぱり、このくらい高いものがいいよね。

○ Good 相手が望むものを贈るのがベスト

このたびは、ご結婚おめでとうございます。
営業部からのお祝いです。

◆贈り物やご祝儀のタブーを避ける

贈り物には縁起が悪いとされる品があるので気をつけます。ご祝儀のお札の枚数も「割り切れる」偶数より、1、3、5、7などの数字がおめでたいとされます。

◆お祝いの言葉やカードを添える

贈り物を手渡しするときは、必ずお祝いや慰労の言葉を添えます。

お祝い品の選び方とマナー

●結婚祝い

同じ贈り物にならないよう、直接、何が欲しいか本人に聞くのがベスト。

贈る時期の目安 挙式の 10 日前までに。

贈り物の金額の目安 3,000 円～ 1 万円（披露宴に呼ばれていない場合）

★披露宴に招待されている場合、贈らなくてもかまいません。

かけ紙・祝儀袋

水引は紅白の結び切り。表書きは「寿」「御結婚御祝」など。

NG ●「切る」「割れる」をイメージする鏡、刃物、陶器など。

●出産祝い

ベビー服（少し大きくなってから着られるもので、そのときの季節も考慮）やおもちゃなど。

贈る時期の目安 生後１週間から1カ月後。

贈り物の金額の目安 3,000円～5,000円

かけ紙・祝儀袋

水引は紅白の蝶結び。表書きは「御出産祝」「御祝」など。

●昇進祝い、定年退職祝い

会社の慣習に従います。花などを部内、有志でお金を出し合って贈るのが一般的。

贈る時期の目安

昇進は正式発表された後なるべく早く。定年退職祝いは定年退職をする当日に。

贈り物の金額の目安 3,000円～

かけ紙・祝儀袋

水引は紅白の蝶結び。

・昇進祝いの表書きは「御祝」
・定年退職の表書きは「御礼」

◎水引の結び

結び切り…結婚は、一度きりのものという意味で、結婚祝いには結び切りを使います。

蝶結び…何度あってもよい祝いごとには、結び直すことができる蝶結びにします。

One point アドバイス

快気祝いの品物

病気療養中、職場の人たちにお見舞いをいただいたときは、出社した際にみんなで分けられるお菓子や、職場で飲めるコーヒー、紅茶、ジュースなどの飲み物を贈るのがおすすめ。なお、いただいたもの(金額)より高額なものは避けましょう。

渡すときは、「入院（療養）中は、お見舞いをありがとうございました」と、お礼を述べます。

こんなときは？

新築祝い

親しくしている先輩が家を新築し、お祝いしたい気持ちがあるなら、新しい家に引っ越して1～2カ月後に新築祝いを贈ってもよいでしょう。常識的な範囲で、相手が希望するもの、喜ぶものを贈ります。一般に、花や観葉植物、花瓶、置き時計などが好適品とされています。

なお、「火事」を連想させるライター、灰皿などを贈るのは避けましょう。

結婚式でのマナー

POINT

結婚式は人生のハレの日。お祝いの気持ちを伝えるためには、相手に失礼のない、伝統的なしきたりに沿ったふるまいを守ることが大切です。

服装やスピーチなどで失礼のないように

結婚式、披露宴に招待されたら、同封されているはがきに出欠の返事を書き、**遅くとも1週間以内に投函**しましょう。職場の同僚や頻繁に会う友人であれば、手渡しでもかまいません。

挙式間際に慌てないよう、**ご祝儀用の新札と金額に見合ったご祝儀袋**を、事前に用意しましょう。親しい友人であれば、かわいいデザインのご祝儀袋を選んでもOKです。

当日は、**フォーマルな装いで出席**します。正式には昼夜で装いのルールが変わりますが、式場の雰囲気、新郎新婦の意向など踏まえつつ、その場にあった服装を選びましょう。

✕ Bad バックから直接祝儀袋を取り出す

- 招待状の返事をしない。
- 蝶結びのご祝儀袋。
- ご祝儀袋にボールペンで名前を書く。
- 白いドレス、ワンピースを着る。
- 食事のマナーが悪い、悪酔いする。

ここで渡していいですよね？

○ Good ふくさから祝儀袋を取り出して渡す

新郎の同僚の○○です。本日はおめでとうございます。

受付ではお祝いの言葉を述べ、ご祝儀を渡して芳名帳に記入します。

◆披露宴の時間帯と格式に合った装いを

洋装は昼と夜でルールが異なります。それぞれにふさわしい装いを。花嫁の色とされる白のドレスはNGです。

◆忌み言葉に気をつける

新郎新婦の両親・親族との会話やスピーチのときは、「切る」「別れる」などの忌み言葉に気をつけて話しましょう。

祝儀袋の表書き

**結婚のお祝いは、品物ではなく現金で贈るのが現代の主流です。
ポイントをおさえ、お祝いの気持ちを包みましょう。**

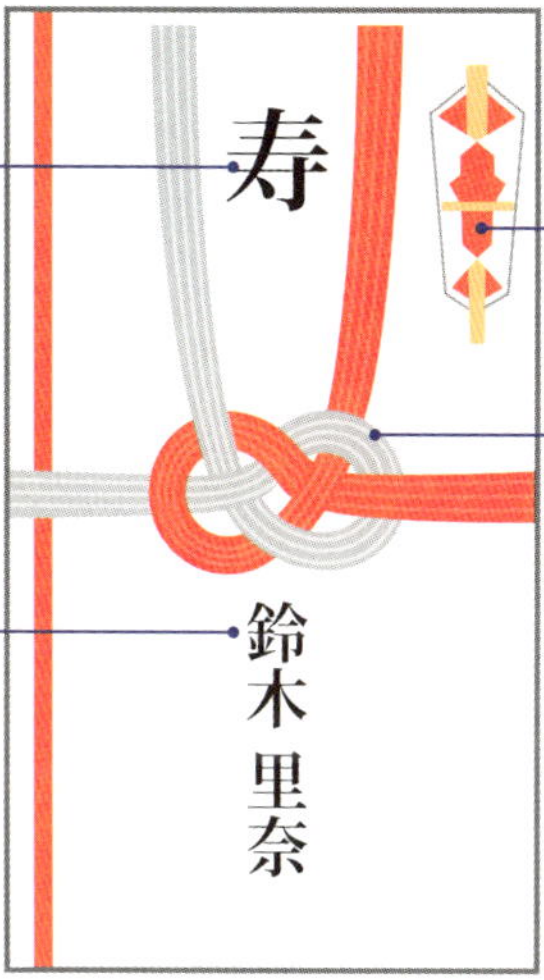

表書き
結婚祝いは「寿」が一般的。

名前
筆ペンやサインペンを使って、中央にフルネームを書きます。ボールペンや万年筆はNG。

水引とのし
正式な結婚祝いは、10本の水引を使います。デザイン性のあるご祝儀袋は5本のものも多いですが、友人であればOKです。また、必ず「のし」がついたものを選びましょう。

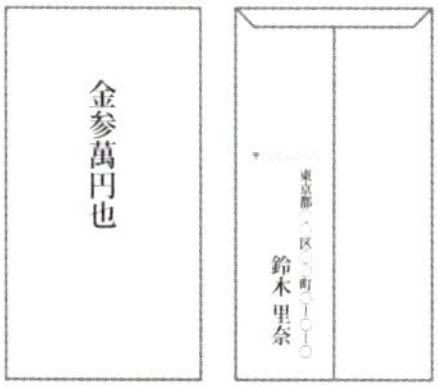

中袋
表中央に金額を記入、裏左下に住所氏名を書きます。数字は「壱、弐、参…」などと書き、お札の人物の顔を正面にして入れます。

折り返し
裏面の折り返し部分は、下側が上に重なるように折ります。「喜びを受けとめる」という意味があり、逆さにすると不祝儀になります。

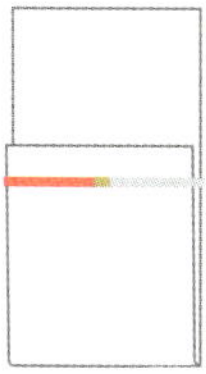

One point アドバイス

ご祝儀袋はふくさで包む

ご祝儀袋が折れたり汚れたりしないように「ふくさ」に包みます（図参照）。受付では、たたんだふくさの上にご祝儀袋をのせ、両手で差し出します。ポケットやホルダータイプのふくさもあるので、大人のたしなみとして、一つ用意しておきましょう。

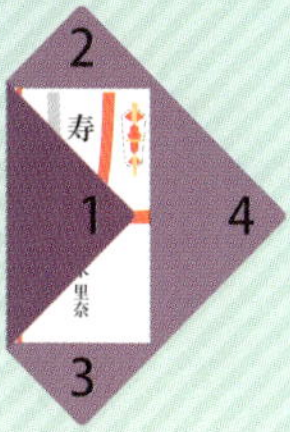

金額の目安

●自分が20代～30代の場合
ご祝儀の相場は3万円です。しかし、新郎新婦との関係性や地域の習慣によって、金額は異なります。

上司・先輩	3万円
同僚・後輩	2～3万円
友人	2～3万円（30代は3万円）
兄弟姉妹	5万円（30代は5～10万円）

※奇数は吉とされ、ご祝儀は1、3、5、7が縁起がよいとされています。凶とされる偶数でも、2はペア、8は末広がりなので吉。

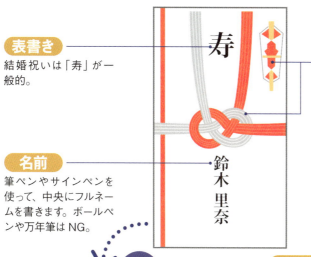

結婚式・披露宴での装い

男性

男性のフォーマルウェアは正礼装・準礼装・略礼装の３つがありますが、同僚や友人のゲストとして呼ばれた場合、準礼装のブラックスーツや略礼装のダークスーツが一般的です。

ブラックスーツ
黒無地の礼服。厚みのある生地で、濃い黒色です。冠婚葬祭に着用します。

ダークスーツ
濃いグレーやネイビーのスーツで、礼服の一種。「平服」にあたる。

ネクタイ
グレーや明るいシルバーのストライプ柄が基本。カジュアルな式ではパステルカラーもOK。

シャツ
白の無地が基本。襟はレギュラーカラーかウィングカラー。カジュアルな式ではパステルカラーもOK。

靴
ストレートチップ、プレーントゥの黒い革靴。

髪型
きちんと整え、清潔感のある髪型。

ポケットチーフ
白が基本。正式には、朝昼は麻、昼夜は絹をさすので､絹を一枚持っていると◎。

ベスト
フォーマル感がアップするので、着用すると◎。グレーやシルバーを選ぶとアクセントに。

靴下
黒が基本。カジュアルな式では、柄物も許容される場合も。

こんなときは?

友人代表のスピーチを頼まれた

人前に立つのであれば、準礼装のタキシードを着用するのがマナーとして間違いないでしょう。タキシードを持っていない場合は､レンタルでもOK。また､「ブラックタイ」と指定のある場合も、タキシードを着用します。

NG なアイテム

- リクルートスーツ
- 派手な柄入りのスーツ
- ボタンダウンのシャツ
- 黒シャツ・黒ネクタイ
- 白靴下
- くるぶしが見える、丈の短い靴下
- ブローグ（穴飾り）や外羽根式の靴

女性

花嫁の色である「白」を着たり、花嫁以上に華美な装いをしたりするのはNGですが、華やかな装いで会場の雰囲気作りに一役かいましょう。

洋装

昼 肌の露出を控えた、ワンピースやスーツが定番。光沢感のある素材やキラキラ光るアクセサリーは避けましょう。

夜 肩や背中を露出した、ロング丈のカクテルドレスが正装とされています。光沢感のある素材や光り物もOKです。

髪型
ロングであればアップスタイル、もしくはハーフアップが◎ 美容院でプロにセットしてもらうといいでしょう。

羽織もの
挙式では肌の露出はNGです。披露宴が始まるまでは、ストールやボレロなどを羽織ります。

ストッキング
肌色のストッキングが基本。生足、カラータイツはNGです。

メイク
ナチュラルメイクや派手すぎるメイクはNG。

バッグ
小ぶりのパーティーバッグを。ビニール、ファー、ヘビ・ワニ革は避けましょう。

靴
つま先、かかとの隠れるパンプスを選びます。エナメル、スエードはOKですが、ヘビ革などはNGです。

こんなときは?

ドレスコードを指定された

こだわりのある新郎新婦から、色の指定や和装をお願いされることも。また、最近では「ブライズメイド」演出が人気を集め、お揃いのドレスなどを着用するケースもあります。自分の負担にならないところで、よく相談して当日を迎えましょう。

和装

未婚女性は振袖が正装です。花嫁が和装の場合、色が被らないように心づかいを。華やかな訪問着でも素敵です。

受付やスピーチを頼まれたら

受付

両家に代わりゲストをお迎えする大切な仕事です。指定された時間に会場に向かいます。

1 ゲストを迎えご祝儀を受け取る

ありがとうございます。お預かりいたします

POINT

ご祝儀袋は両手で受け取りましょう。

2 芳名帳に記帳してもらう

恐れ入りますが、こちらに
ご記帳をお願いいたします

POINT

指を揃え、片手で指します。

3 席次表を渡し、控え室を案内する

本日の席次表です。
会場の準備が整うまで、
もうしばらく控え室でお待ちください

スピーチ

スピーチは、5分程度に。**過去の恋愛話や忌み言葉（切る／別れる／苦しい／流れる等）はタブーです。**

1 お祝いの言葉

直也さん、陽香さん、ご両家のみなさま、
本日は誠におめでとうございます

2 自己紹介

私は、新郎直也さんの同期入社の
内田と申します

3 新郎もしくは新婦の人となりがわかるエピソード

直也さんは同期の中でも、ムードメーカー
的な存在で……、新人研修中も……

4 はなむけの言葉

ふたりで笑いの絶えない素敵な家庭を
築いてください

5 結び

本日はお招きいただき
ありがとうございます。おめでとう！

こんなときは？

会費制ウエディングに招待された

会費（できれば新札）は、おつりのないよう準備し、白い封筒に入れて持参します。特に、ご祝儀やプレゼントは準備しなくてもOK。一般的な披露宴ほどフォーマルな装いをする必要はありませんが、会場を考慮し、ドレスアップしましょう。

余興を頼まれたら

新郎新婦がよろこんでくれるもの、そして会場にいる幅広い世代のゲストが楽しめる内容を考えましょう。

結婚披露宴の主な流れ

1 ゲスト入場

席次表を参考に、自分のテーブルを探しましょう。同じテーブルになった人には会釈をし、「新郎の同僚の○○です」などと自己紹介をしましょう

2 新郎新婦入場

盛大な拍手で迎えましょう

3 開宴のあいさつ

4 新郎新婦紹介

5 主賓の祝辞

新郎新婦それぞれの招待客を代表し、2名がスピーチを行います。顔だけでなく、体を向け、しっかりと聞きましょう

6 乾杯

乾杯の後、席を立って高砂に行き新郎新婦にあいさつをしましょう

7 ケーキ入刀

8 歓談と食事

新郎新婦のご両親がお酌をしながらテーブルを回ります。「本日はおめでとうございます」「いつもお世話になっております」などと、あいさつをしましょう

9 ゲストのスピーチ

スピーチを頼まれたなら、ここが出番です。出番が来るまでアルコールは控えるのがベター

10 お色直し

11 新郎新婦再入場

12 新郎新婦のテーブル回り

ゲストと写真を撮る演出が人気。テーブルにつきカメラは1台がマナー

13 ゲストによる余興

余興を頼まれているときは、ここが出番です。

14 両親への手紙 / 花束贈呈

15 親からの謝辞

16 新郎からの謝辞

17 閉会の辞 / 新郎新婦の退場

18 ゲスト退場 / お見送り

ご両親には「本日はおめでとうございます」「お招きいただきありがとうございました」などのあいさつを忘れずに

通夜・葬儀・告別式のマナー

POINT

上司や同僚、取引先などに不幸があったときは、お悔やみの言葉、香典の準備、弔問まで、**失礼のないマナーで弔意を表すのが、礼儀**です。

Bad 訃報を受けたとき適切な対応ができない

- お悔やみの言葉を言わない。
- 亡くなった理由をたずねる。
- 訃報を上司に知らせない。
- 遺族に直接電話をする。

（訃報を受けて）
あ、それはそれは…。

Good お悔やみの言葉の後、今後の予定を確認する

このたびは、お悔やみ申し上げます。

お悔やみの言葉を述べてから、通夜や葬儀などの予定を伺います。

◆訃報はすぐに上司に報告、指示に従って動く

取引先の訃報は上司に報告。会社としての対応を確認、指示に従って弔電、供花、香典などの手配をします。

◆表書きは「御霊前」、会葬には喪服を着用

不祝儀袋の表書きを「御霊前」にすれば宗教を問わず使用できます。通夜・葬儀・告別式などに参列するときは、喪服を着用します。

弔事のしきたりを守って速やかに対応すること

電話で訃報を受けたときは、お悔やみの言葉を述べるのが礼儀です。

取引先からの訃報は、**すぐに上司に報告し、会社としての対応を確認、指示に従って速やかに動きます。**会葬には喪服を着用し、葬儀の宗教に合った不祝儀袋を持参します。

上司や同僚などの身内が亡くなった場合は、会社の代表者が会葬する際に、部署でまとめた香典を持参するのが一般的です。

なお、自分の身内が亡くなった場合は、上司に連絡し、忌引き休暇を願い出ます。業務上、やむを得ない場合に備えて、連絡先も知らせておきましょう。

職場で訃報を受けたら

会社の上司や同僚およびその家族、仕事関係者の訃報を受けたら、お悔やみの気持ちを込めて、失礼のない態度で対応しましょう。

●お悔やみを述べる

亡くなった人と面識がなくても、電話を受けたら「**心からお悔やみ申し上げます**」または「**ご愁傷様でございます**」などのお悔やみの言葉を静かに述べます。亡くなった理由を聞くのは失礼です。

●必要な情報を得ておく

お悔やみを述べたら、その場で、故人のフルネーム、会社名（部署名）、通夜・葬儀・告別式の日時と場所、葬儀の形式を確認しておきます。

弔電、供花は喪主あてに送るため、喪主の名前もたずねます。

●上司に報告し、指示を仰ぐ

すぐに上司に報告します。冠婚葬祭に関することを総務部などの特定の部署が担っている場合は、そちらへも連絡します。会社としてどのように対応するか確認します。

●手配と準備

［弔電］

会社として弔電を送るのが一般的です。電話会社、宅配会社などが運営する電報会社を利用すれば、ネット上の申し込みでほぼ全国即日配達されます。通夜当日の午前中までに到着するように手配します。

［供花］

担当の葬儀社に供花の申し入れをします。供花は葬儀スタイルに合わせて統一されていることが多く、送り主の会社名や取締役などの名前の入った札がつきます。

［香典］

会社として通夜・葬儀などに参列する場合は、香典も会社で用意するのが一般的です。ただし、参列する各人で包む場合や、部署でまとめて1つの不祝儀袋に入れる場合もあります。

［葬儀の手伝い］

社員や社員の家族が亡くなった場合、会社から手伝いを出す場合もあります。葬儀の受付や会計、案内、接待などを命じられたら、身なりと礼儀に十分に気をつけて務めましょう。

弔問の不祝儀袋の表書き

表書き（印刷されていない場合）と名前は、涙で墨がにじむほど悲しいことを表す「薄墨」の筆ペンまたはサインペンで書きます。

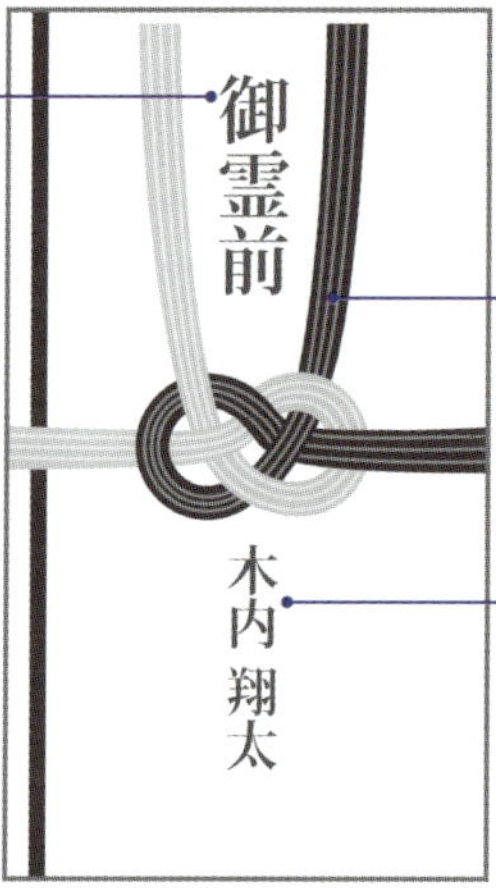

宗教を問わない表書き

「御霊前」は、仏式（浄土真宗を除く）、神式、キリスト教（カトリック）に使える。

◉蓮の花がデザインされている不祝儀袋は、仏式以外の宗教で使うのはNG。

◉不祝儀袋は、受付でふくさから出して渡す。買ったときのビニール袋から出す、バッグから裸で渡すのはNG。

水引

白黒か双銀の結び切り。関西は、黄色と白の結び切り。

名前

フルネームを弔事用の薄墨の筆ペンまたはサインペンで書く。

※中袋の裏には、金額、住所、氏名を薄墨で書く。

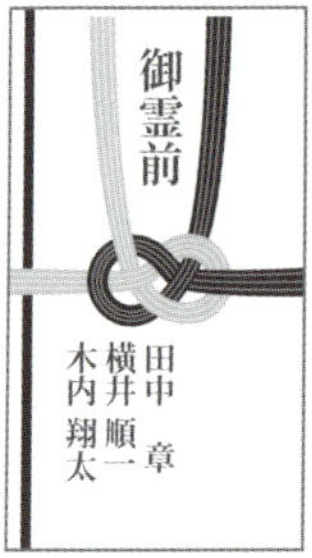

（連名の場合）

●中央から左へ目上順に氏名を並べて書く。

●3名以上の場合、中央に目上の人の名を書き、左横に小さく「外一同」と書く。

（仕事関係者）

●中央に氏名、その右側に小さく会社名（略さず株式会社○○とする）、所属（営業部など）を書く。

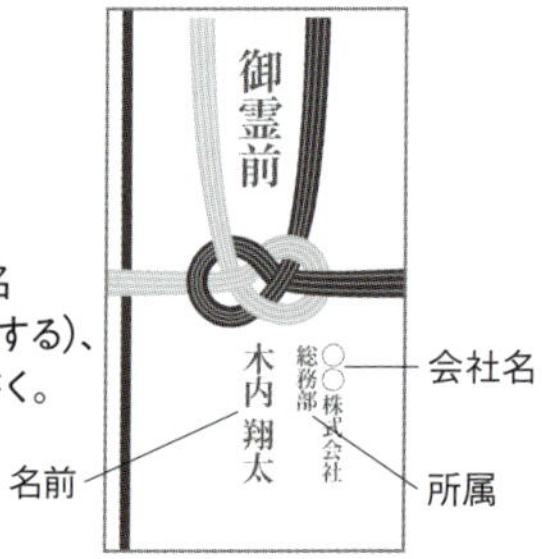

宗教別の表書き

キリスト教式

不祝儀袋▶百合や十字架のついたもの、または白い封筒。

水引▶不要。

表書き（カトリック、プロテスタント共通）▶「御花料」「お花料」。

神式

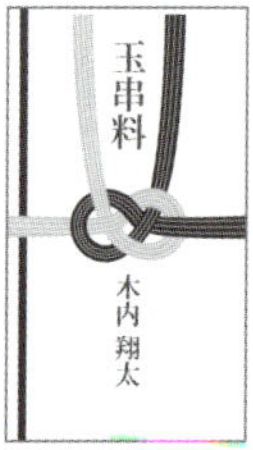

水引▶黒白または双銀の結び切り。

表書き▶「玉串料」「御榊料」「御神前」。

仏式

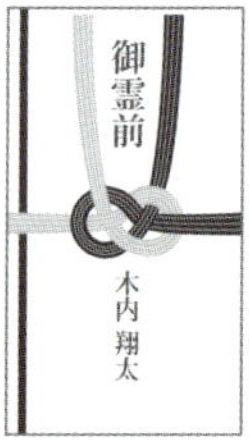

不祝儀袋▶蓮の花がついたものでもOK。

水引▶黒白または双銀の結び切り。

表書き▶「御霊前」「御香料」「御香典」。

※浄土真宗の葬儀では「御仏前」とする。

弔問の服装

通夜は、本来「急ぎ駆けつけた」ということで、地味な平服でもかまいませんが、最近の通夜、葬儀・告別式は、喪服の着用が一般的です。

男性

ブラックスーツに白無地のシャツ、黒いネクタイに。シャツ以外、身につけるものは黒で統一します。

時計
金ではなくシルバー、黒の革ベルトのものに。

ベルト
光沢のない黒。

NG
・派手なバックルや金具がついているもの。

靴
黒のプレーンなタイプ。

靴下
黒い靴下。

NG
・白色、色柄、スニーカーソックス。

女性

喪服以外、身につけるものも全てシンプルで飾りのない黒で統一します。

メイク
赤い口紅や濃いアイメイクは避け、ナチュラルで控えめにする。

ネイル
派手な色はNG。簡単に落とせないジェルネイルは黒い手袋でカバーする。

バッグ
黒。布製がベストだが革・合皮でも。

NG
・エナメル製、光沢があるもの、金具類がついたもの。

アクセサリー
結婚指輪以外、つけないのが正式。つける場合、真珠ならOK。

NG
・真珠の二連ネックレス（不幸が重なる）、真珠の一連以外のネックレス。1粒真珠以外のイヤリング・ピアス、指輪。

スカート
膝下丈のもの。

NG
・ミニスカート、深いスリット。

靴下
ストッキングの黒。タイツは避ける。パンツスーツでもストッキングが望ましいが、黒の靴下でも。

NG
・色柄のストッキング、白い靴下。

靴
黒のプレーンなパンプス。

NG
・エナメル製、金具類がついたもの、ストラップサンダル、ブーツ。

こんなときは？

ジェルネイルをしているとき

　ネイルは落とすのが基本。ただし、ジェルネイルのように簡単に落とせない場合は、濃いベージュ色のマニキュアを上から塗って隠す方法があります。ノンアセトンの除光液で落とせばジェルは残ります。
　または、黒いレースの手袋をするという方法もあります。

お別れの作法

POINT

故人とのお別れの儀式には、**場面ごとに気をつけたいマナーと、宗教ごとに異なる作法があります。**遺族に失礼のないよう、知識を身につけておきましょう。

✕ Bad 遺族に亡くなった理由を聞く

- 式に遅刻する。
- 式の途中で席を立つ。
- 儀式の作法を知らない。
- 遺族に長話をする。
- ふるまい席で長居をする。
- 代理弔問なのに自分の名前を記帳。

なんで亡くなったんですか。

○ Good 遺族にお悔やみの言葉を述べる

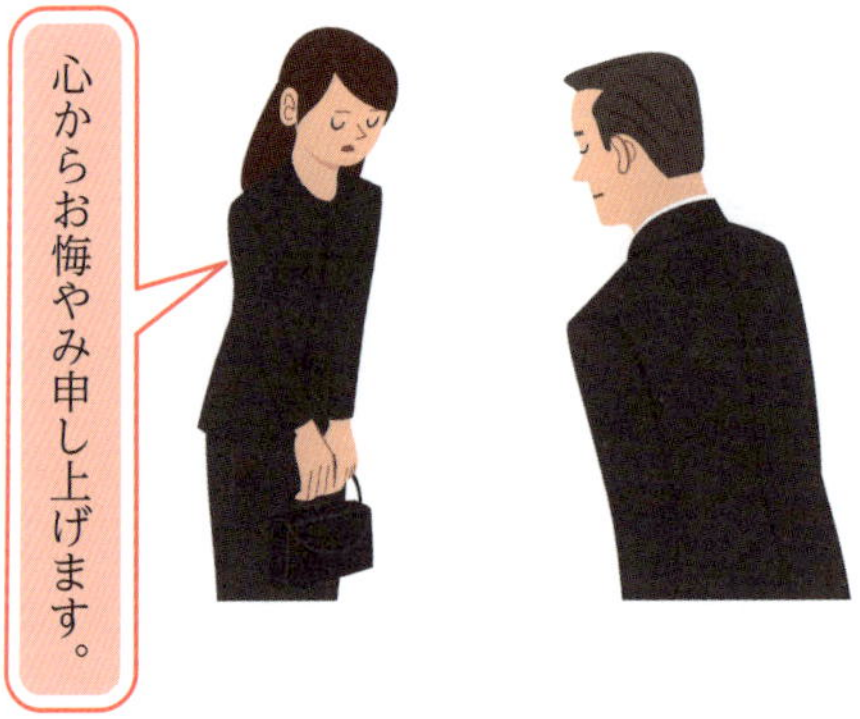
心からお悔やみ申し上げます。

◆**宗教ごとの作法を守って弔う**

事前に作法を確認して、失礼のない手順で最期のお別れができるようにしましょう。

◆**上司の名前を記帳し、その下に「代」と書く**

預かった香典と一緒に、右上に「弔」と書いた上司の名刺と、同じく「代」と書いた自分の名刺を渡します。

仕事関係の弔問では受付で名刺を渡すことも

お別れの儀式に遅刻は厳禁。式の10分前には受付を済ませます。受付では、仏式の場合「**このたびはご愁傷様でございます**」とひと言添えて、ふくさから香典を出して渡します。

取引先など会社関係の場合、受付に名刺盆が置かれていることが多いので、その場合は、名刺も一緒に渡し、会社の住所を記帳します。なお、**代理弔問の場合は、代理を頼んだ人（香典を託した人）の名前を記帳します。**香典を預かった場合も同じです。会場で、**仕事上の顔見知りと会っても会釈程度にするのがマナー。**仕事関係の弔問では、会社の代表で出席している心がまえが大事です。

仏式の作法

日本で最も多いお別れの儀式は、仏式の通夜・葬儀・告別式です。「焼香」の作法は、社会人の常識として覚えておきましょう。

抹香焼香（立礼の場合）

◎数珠は、つけなくてもよい。つける場合は、左手の親指にかけて持つ。

1 祭壇へ向かい、遺族、僧侶に一礼。焼香台の前に進み、遺影に一礼する。

2 右手の親指、人さし指、中指で抹香をつまみ、目の高さまで上げる。

3 抹香を香炉にくべる。焼香の回数は1〜3回が一般的。

4 遺影に向かって合掌する。祭壇を向いたまま数歩下がり、遺族と僧侶に一礼する。

線香焼香

右手で線香をとり、ろうそくから火を移し、左手であおいで線香の炎を消して、香炉に立てる。口で吹いて消すのはNG。

仏式のお悔やみの言葉

ご愁傷様でございます

お悔やみ申し上げます

神式の作法

祭壇に紙垂《しで》という紙を下げた榊《さかき》を捧げ、
しのび手の二礼二拍手一礼をします。

玉串奉奠《たまぐしほうでん》

1 遺族、神官に一礼し、玉串を右手の平で根元、左手の平で枝先を支えるように受け取る。

2 玉串案（玉串を置く台）前で一礼し、玉串の根元が手前にくるよう時計回りに90度回転させる。

3 左手で根元を持ち、右手で葉を支えるように持ち替える。そのまま時計回りに180度回転させて根元を祭壇に向け、台の上に置く。

4 2回礼をし、音を立てないしのび手で二拍手し、一礼。下がって遺族と神官に一礼する。

神式のお悔やみの言葉

御霊（みたま）のご平安をお祈りいたします

御霊（みたま）やすらかに祈ります

NG
- 「御愁傷様です」とお悔やみを言う。
- 弔電や弔辞で、「冥福」「ほとけ様」「供養」「往生」「合掌」などの仏教用語を使う。
- 数珠をもつ。

キリスト教式の作法

**カトリックとプロテスタントでは式次第などが異なりますが、
いずれも祭壇に白い生花を捧げ、黙禱します。**

献花

1 遺族、神父（牧師）に一礼し、花を受け取る。左手で茎を持ち、右手の平に花をのせ、献花台へ。

3 そのまま両手でそっと献花台に供える。

2 花を持ったまま献花台の前で一礼したら、右手を手前に引いて、茎を献花台に向ける。

4 祭壇に向かって黙禱したら、数歩下がって、遺族に一礼する。

キリスト教式のお悔やみの言葉

やすらかなお眠りを心よりお祈り申し上げます

やすらかにご永眠されますよう、お祈り申し上げます

NG ・「御愁傷様です」「お悔やみ申し上げます」とお悔やみを言う。

◎カトリックとプロテスタント
献花の作法は同じですが、式次第や儀式の名称などに違いがあります。例えば、カトリックでいう神父、聖歌は、プロテスタントでは牧師、讃美歌です。

監修者
浅井真紀子（あさい　まきこ）

株式会社スパークスラボ マスタートレーナー。TCS認定コーチ。国際コミュニケーション学学士、心理学学士。日本航空客室乗務員、研修会社講師を経て、枠に囚われない現場のニーズに即した学びと気づきの場を提供すべく、現会社設立に参画。その後、ホテル インターコンチネンタル東京ベイの研修支配人としても活躍。心理学やコミュニケーション学に基づいたメソッドをもとに、新入社員研修、接遇研修、管理職研修などを企画から実施まで手がけ、研修を通じ企業の人材育成に携わっている。共著に『仕事がデキると言われている人が必ずおさえている謝罪・クレーム対応の鉄則』（クロスメディア・パブリッシング）がある。

Staff

デザイン　佐藤秀紀
マ ン ガ　大日野カルコ
イラスト　日の友太、関祐子、小川真二郎、五十嵐亨
校　　正　くすのき舎
編集協力　株式会社フロンテア
編集担当　小髙真梨（ナツメ出版企画株式会社）

本書に関するお問い合わせは、書名・発行日・該当ページを明記の上、下記のいずれかの方法にてお送りください。電話でのお問い合わせはお受けしておりません。
・ナツメ社webサイトの問い合わせフォーム
https://www.natsume.co.jp/contact
・FAX（03-3291-1305）
・郵送（下記、ナツメ出版企画株式会社宛て）
なお、回答までに日にちをいただく場合があります。正誤のお問い合わせ以外の書籍内容に関する解説・個別の相談は行っておりません。あらかじめご了承ください。

これ1冊《さつ》でOK!
社会人《しゃかいじん》のための基本《きほん》のビジネスマナー

2019年 3 月 4 日　初版発行
2025年 7 月 1 日　第22刷発行

監修者　浅井《あさい》真《ま》紀《き》子《こ》
発行者　田村正隆

発行所　株式会社ナツメ社
東京都千代田区神田神保町1-52　ナツメ社ビル1F（〒101-0051）
電話 03-3291-1257（代表）　FAX 03-3291-5761
振替 00130-1-58661
制　作　ナツメ出版企画株式会社
東京都千代田区神田神保町1-52　ナツメ社ビル3F（〒101-0051）
電話 03-3295-3921（代表）
印刷所　広研印刷株式会社

ISBN978-4-8163-6604-8　Printed in Japan

〈定価はカバーに表示してあります〉〈落丁・乱丁本はお取り替えします〉

これ一冊でOK!　社会人のための基本のビジネスマナー

別冊

電話応対 基本フレーズ

相手に失礼のないフレーズを覚えれば、
電話応対の苦手意識もなくなり、仕事もスムーズに進みます。

ナツメ社

電話を受けたときのフレーズ

電話を受けるときは、「自分で対応する」「人に取り次ぐ」の2パターンがあります。
新入社員は、取り次ぐことが圧倒的に多いため、基本フレーズのほか、
離席や不在の対応フレーズも覚えておきましょう。

電話をとったら

はい、ABC社でございます

NG 「もしもし、ABC社です」
ビジネスシーンで「もしもし」とは言いません。

これもOK
「はい、ABC社の田中でございます」
「お電話ありがとうございます。ABC社の田中でございます」

Point
午前10時までなら「はい」ではなく「おはようございます」でも。

4コール以上お待たせしたとき

お待たせいたしました。ABC社でございます

NG 「すみません、ABC社でございます」
「すみません」は、カジュアルな言い方。ビジネスシーンでは不適切です。

これもOK
「大変お待たせいたしました。ABC社でございます」

Point
ビジネスでは、3コール以内に出るのがマナーです。

相手が名乗ったら

イロハ社の高橋様でいらっしゃいますね。いつもお世話になっております

NG 「お世話様です」「お疲れ様です」
「お世話様」はねぎらい、「お疲れ様」は社内用語です。

これもOK
「イロハ社の高橋様ですね。お世話になっております」

Point
「お世話になっております」は、はじめての相手にも使ってOKのフレーズです。

復唱した名前が間違えていたとき

大変失礼いたしました。イロハ社の高梨様でいらっしゃいますね

NG 「すみません、イロハ社の高梨様でございますね」
「すみません」はカジュアルな言い方。「ございますね」は謙譲語のためNGです。

これもOK
「申し訳ございません。高梨様でいらっしゃいますね。大変失礼いたしました」

Point
名前を間違えて復唱したら、すぐに謝罪します。

電話の声が聞こえにくいとき

申し訳ございません。お電話が少々遠いようで、恐れ入りますがもう一度お聞かせいただけますでしょうか

NG「はい?」

「はい?」と疑問形にすると、相手に非があるような聞き方になり失礼です。

これもOK

「申し訳ございません。電話機の調子が悪く聞こえづらい状況です。 もう一度お名前をお願いできますでしょうか」

Point

声が聞こえづらいことを、相手のせいにしてはいけません。

名前が聞きとれなかったとき

大変申し訳ございません。もう一度お名前をお聞かせいただけますでしょうか

NG「誰ですか?」

上から目線で「名前を名乗れ」という言い方になります。

これもOK

「もう一度お名前をお伺いできますでしょうか」

Point

「もう一度お名前を」と、再度、名前を聞いても失礼にはなりません。

相手が名乗らないとき

恐れ入りますが、御社名とお名前をお聞かせいただけますでしょうか

NG「名前をおっしゃってください」

「おっしゃってください」は、命令口調に聞こえます。

これもOK

「御社名とお名前をお伺いできますでしょうか」

Point

おつき合いのある取引先から「○○さんお願い」「部長さん出して」と言われても、ていねいに応対しましょう。

取り次ぎを頼まれたら

相手「営業1課の山本課長いらっしゃいますか?」

営業1課の課長の山本ですね。少々お待ちいただけますか? ただいま確認いたします

NG「佐藤課長ですね、お待ちください」

社内の者は、敬称抜きで呼びます。役職なしでもOKです。

これもOK

「佐藤でございますね、少々お待ちくださいませ」

「佐藤ですね、ただいまお取り次ぎしますので、少々お待ちください」

Point

確実に取り次げる場合は「おつなぎします」でも。

名指し人が自分だったとき

はい、わたくしが河口でございます

NG「わたしですが……」「あ、河口です」

ビジネスでは「わたくし」、電話に出たら「あ」ではなく「はい」と言います。

これもOK

「はい、河口はわたくしでございます」

Point

ビジネスにおいては自分のことを「わたくし」と言いましょう。

名指し人が電話中だったとき

申し訳ございません。山本は、ただいま別の電話に出ております

NG「電話中なんで……」「席を外しております」

前者は、電話を拒否する感じにも。後者は、わざわざ離席と嘘をつく必要はありません。

これもOK

「ただいま別の電話に対応しております」

Point

続けて、代案（P5）を提示しましょう。

名指し人が席にいなかったとき

あいにく、山本は席を外しております

NG「トイレに行っています」

離席の理由まで詳細に伝える必要はありません。

これもOK

「ただいま離席中です」

Point

「席を外している」とは、おおよそ15分程度で戻ってくるニュアンスです。

名指し人が会議中だったとき

申し訳ございません。山本はただいま会議中でして、17時には戻る予定です

NG「打ち合わせ中でして、何時に終わるかわかりません」

会議は長引くこともあるため、終わり時間を伝えにくいものですが、「わからない」という言い方は失礼。

これもOK

「ただいま来客中でして、15時には戻る予定です」

※来客時も同じフレーズでOK

Point

会議が終わる時間の目安を伝え、相手の意向を伺うか、代案を提案しましょう。

名指し人が外出中だったとき

山本は、ただいま外出しております。11時頃には戻る予定です

NG「セミナーに出ています」「外出中で……」

外出の理由まで詳しく伝える必要はありません。

これもOK

「ただいま社外に出ております」

Point

「いない」とは言わず、否定形を避けた表現をします。戻り時間は必ず伝えましょう。

名指し人が休みだったとき

申し訳ございません。山本は本日お休みをいただいております

NG「休まさせていただいております」

「〜させていただく」は、相手の許可をとるときに使うもの。電話の相手に許可は必要ないので不適切。

これもOK

「△△日まで休暇をとっております」

Point

急な休みの場合は、「体調不良で」「家庭の事情で」と説明します。

名指し人が帰宅していたとき

**申し訳ございません。
山本は本日すでに退社いたしました**

NG「失礼させていただきました」

「～させていただく」は、相手の許可をとるときに使うもの。電話の相手の許可は必要ないので不適切。

これもOK

「外出しておりまして、本日は社に戻る予定がございません」

Point

退社を退職と取られる可能性もあるので、必ず「本日は」と添えましょう。

名指し人が退職していたとき

**申し訳ございません。
木下は先月末に退職いたしました**

NG「もういないんですが……」

退職に関するあいまいな返答は、会社のイメージを悪くします。

これもOK

「先月末に退職しております。差しつかえなければ、ご用件をお伺いできますでしょうか」

Point

退社した元社員も、呼び捨てにします。用件を聞いて、上司や先輩に相談しましょう。

代案（折り返しの電話）を提示する

こちらから折り返しお電話いたしましょうか

NG「こちらから折り返させていただきます」

「～させていただく」は、相手の許可をとるときに使うもの。電話の相手に許可は必要ないので不適切。

これもOK

「よろしければ折り返しお電話差し上げるよう、山本に申し伝えます。いかがいたしましょうか」

Point

名指し人に取り次げない旨を伝えた後に、代案を提示しましょう。

代案（用件を聞く）を提示する

**差しつかえなければ、
代わりにご用件を伺いましょうか**

NG「代わりに用件をお伝えしましょうか」

社内の者は身内。「お伝え」という尊敬語を使うのは不適切です。

これもOK

「よろしければ伝言を伺わせていただきます」
※伝言を預かる場合

Point

用件や伝言を聞いたときは、必ず内容を復唱して間違いのないように気をつけましょう。

名指し人の携帯電話の番号を聞かれたとき

**誠に恐縮ですが、個人の携帯電話ですので、
わたくしの一存ではお伝えいたしかねます**

NG「携帯の番号は教えられません」

「できません」と断るのではなく、「～しかねます」を上手に使いましょう。

これもOK

「私から高橋様にお電話差し上げるよう申し伝えます」

Point

携帯電話に関するルールは会社により異なるので、それに従いましょう。

クレーム電話の対応フレーズ

クレームの対応で大切なことは、心からのお詫びの気持ちを伝えること、
相手の話をしっかり聞くこと、そして解決策を提示することです。
相手の話を遮らず、気持ちに寄り添いながら応対します。

謝罪の言葉を述べる

このたびは、ご迷惑をおかけいたしまして、誠に申し訳ございません

NG「このたびは、どうもすいません」

「すいません」は謝罪の言葉ではありません。

これもOK

「不快なお気持ちにさせてしまい、大変申し訳ございません」

「ご不便をおかけし、大変申し訳ございません」

Point

冷静に、落ち着いたトーンでお詫びし、相手の気持ちを落ち着かせます。

話の詳細を聞く

恐れ入りますが、詳しくお話をお聞かせいただけますでしょうか

NG「経緯を教えてください」

感情がたかぶっている相手に事務的な対応はNGです。

これもOK

「詳細な内容を伺わせていただけますか」

Point

クレーム対応では、ていねいな言葉づかいがとても大切です。

同意の相づちを打つ

さようでございますか

NG「はい」

「はい」を繰り返すだけでは、機械的に聞いているだけと、受け取られてしまいます。

これもOK

「おっしゃるとおりでございます」

「ごもっともでございます」

Point

相手の言い分を遮ることなく、肯定しながら聞きます。

状況がつかみきれないとき

恐れ入りますが、もう一度内容を確認させていただけますでしょうか

NG「つまり、どうすればよろしいでしょうか?」

相手の神経を逆なでするような物言いは厳禁。

これもOK

「詳細な内容を伺わせていただけますか」

Point

結論を迫ったり、困った様子を見せたりせずに、内容を復唱して確認をとりましょう。

▶ 事実確認をするとき

確認させていただきますと、1日にサンプルをお送りするとお約束したにもかかわらず、2週間たった今もお手もとにお届けできていないということでございますね

NG「要するに、まだ届かないということですか？」

相手を責めるような言い方をしてはいけません。

これもOK

「状況としまして、サンプルのご注文を1日にいただき、その商品が2週間届かないということでございますね」

Point

事実確認の最後は「ね」と終わるのがポイントです。「はい」「そうです」と相手が続きやすくなります。

▶ 解決策を提案する

ただちに事情を確認した上で、本日中にご連絡させていただきます

NG「これ以上のことはできません」

クレーム対応で否定的な言葉はNGです。

これもOK

「さっそくお調べし、確認次第改めてお電話させていただけたらと思います。いかがでしょうか？」

Point

押しつけにならないよう、依頼形で提案します。

▶ 対応に時間がかかるとき

ただちにお調べいたします。恐れ入りますが、少々お時間をいただけませんでしょうか

NG「少し待ってもらってもいいですか？」

こちらの都合を押しつける乱暴な言い方はNG。

これもOK

「上の者と相談し、改めてお返事申し上げますので、少々お時間をいただけますでしょうか？」

Point

具体的に何時間後、何日後になるのか、目安を伝えるとさらに◎。

▶ 自分では判断できないとき

曖昧なことを申し上げ、ご迷惑をおかけしてはいけませんので、確認の上、担当の者より折り返しお電話を差し上げます

NG「担当者よりお電話していただきます」

社内の者は身内。「〜していただく」という尊敬語を使うのは不適切です。

これもOK

「上の者と相談いたしまして、改めてお電話させていただきます」

Point

無理に解決しようとせず、折り返しの電話を約束します。

▶ 締めくくりのあいさつ

この度は、貴重なご意見をありがとうございました

NG「この度は、本当にすみませんでした」

「すみません」は、カジュアルな言い方。ビジネスシーンでは不適切です。

これもOK

「ご期待に添えず、申し訳ございません」

「ご指摘いただきありがとうございます」

Point

お客様の貴重な意見を聞けたととらえ、感謝の気持ちを述べます。

電話をかけるときのフレーズ

電話をかけるときは、相手が在席しているか、
不在なのかによって対応が変わります。また、話す内容を前もって整理し、
「簡潔にわかりやすく」を心がけます。

相手が電話に出たら

**いつもお世話になっております。
ABC社の中田でございます**

NG「お世話様です。ABC社の中田です」

「お世話様」は「ご苦労様」と相手をねぎらう言葉なのでNG。

これもOK

「ABC社の中田と申します。
いつもお世話になっております」

Point

10回以上コールが鳴っても出ないようなら、電話を切りましょう。

はじめての相手に電話をするとき

**はじめてお電話いたします。
ABC社の中田と申します**

NG「はじめてお電話させていただきます」

「～させていただく」は、相手の許可をとるときに使うもの。
電話の相手の許可は必要ないので不適切。

これもOK

「ドレミ社の渡辺様から
ご紹介いただき、
はじめてお電話差し上げます」
※紹介の場合

Point

はじめての相手にかける電話は、特に社名と名前をはっきり伝えます。

内線に電話をするとき

お疲れ様です。営業1部の中田です

NG「ご苦労様です」

「ご苦労様」は、目上の人が目下の人にかける言葉のためNG。

これもOK

「おはようございます。
営業1部の中田です」
※午前10時頃まで

Point

社内電話の場合、目上の人には尊敬語、同僚には丁寧語を話します。

取り次ぎを依頼するとき

**恐れ入ります、総務部部長の井上様は
いらっしゃいますでしょうか**

NG「井上部長様はおられますか」

役職名に「様」はつけません。「おられる」は地域差もありますが、
使わないのがベター。

これもOK

「恐れ入ります。
総務部の井上部長を
お願いできますでしょうか」

Point

相手の名前や役職を間違えないようにします。

取り次ぐ担当者がわからないとき

**恐れ入ります、△△の件ご担当の
広報の方をお願いできますでしょうか**

NG 「△△の件がわかる方、お願いできますか」

「わかる方」は無礼です。

これもOK

「△△についてお伺いしたいのですが、ご担当の方はいらっしゃいますでしょうか」

Point

正確に取り次いでもらうためには、用件を具体的に伝えます。

名指し人と同姓の人がいるとき

**恐れ入ります、井上翔太様を
お願いできますでしょうか**

NG 「△△の件でご一緒している井上さんなんですが……」

濁して相手にゆだねるのはNG。

これもOK

「チーフの井上様はいらっしゃいますでしょうか」

「女性の井上様はいらっしゃいますでしょうか」

Point

フルネームや役職、性別を伝えることでスムーズに取り次いでもらえます。

お待ちくださいと言われたら

ありがとうございます

NG 「はい」「(無言)」

返事や無言ではなく、対応してもらったことに感謝を伝えましょう。

これもOK

「恐れ入ります」

「お願いいたします」

Point

こちらの返事を待たずに保留にされることもありますが、マナーを守りましょう。

名指し人が電話に出たら

**お世話になっております。
ABC社の中田です**

NG 「あ、井上さんですか?」

電話に出て第一声が「あ」は失礼な上、「○○さんですか?」はカジュアルな言い方。無礼に思われます。

これもOK

「お忙しいところ申し訳ございません。ABC社の中田です」

Point

取り次ぎのときに伝えられていると思いますが、再度、社名と名前を名乗りましょう。

用件を話す

**△△の件についてお伝えしたいのですが、
○○分ほどお時間をいただけますでしょうか**

NG 「あの、△△の件ですが～」

相手の状況を確かめずに話し出すのはNG。

これもOK

「△△の件について確認したいことがありお電話いたしました。今お話ししてもよろしいでしょうか」

Point

相手の都合を確認した上で、用件を話します。

名指し人が不在・離席中のとき

何時頃にお戻りでしょうか

NG「いつ戻りますか？」

敬語ではないため、不躾な言い方になります。

これもOK

「何時頃にご連絡するのがよろしいでしょうか」

Point

名指し人の予定を聞いて、このあとどうするか判断します。

折り返しの電話を依頼するとき

恐れ入りますが、お戻りになりましたら
中田までご連絡いただけるよう
お伝えいただけますでしょうか

NG「お電話いただけるよう伝えてもらえますか？」

「～してもらえますか」は、上から目線の命令形に感じます。

これもOK

「お手数をおかけいたしますが、お電話をいただけるようお伝えいただけますか」

Point

自分の用事で電話をもらうので、丁寧にお願いします。

折り返しの電話を提案されたとき

お手数をおかけしますが、
よろしくお願いいたします

NG「助かります！」

「助かります」は、目上の人やお客様に対しては失礼にあたります。

これもOK

「お願いできますでしょうか。ありがとうございます」

Point

申し出を受けるときは、相手の手を煩わせることを意識しましょう。

電話番号を聞かれたら

申し上げます。電話番号は、
△△-○○○○-××××です

NG「こちらのお電話番号を申し上げます」

自分の電話番号に「お」は不要です。

これもOK

「電話番号を申し上げます」

Point

電話番号を伝える前にワンフレーズはさみ、相手がメモの準備をできるようにはからいます。

こちらから電話をかけ直すとき

相手「15時には帰社予定ですが、いかがいたしましょうか」
それでは、15時頃に改めてご連絡いたします

NG「またお電話させていただきます」

「～させていただく」は、相手の許可をとるときに使うもの。電話の相手の許可は必要ないので不適切。

これもOK

「井上様がお戻りの頃、こちらからご連絡いたします」

Point

相手の提案に対して、ストレートに断るのは失礼にあたるので気をつけましょう。

伝言を残すとき

**恐れ入りますが、
伝言をお願いできますでしょうか**

NG「メモ残してもらえますか？」

「～してもらえますか」は、上から目線の命令形に感じます。

これもOK

「井上様にメールをお送りいたしますので、その旨お伝えいただけますしょうか」

「△△の件でご連絡しました。電話があった旨お伝えいただけますか」

Point

相手がメモを残しやすいように、手短に伝えます。

代わりの人をお願いするとき

**恐れ入りますが、△△の件で
確認したいことがあるのですが、
ご存知の方は他にいらっしゃいますでしょうか**

NG「わかる人に代わってください」

お願いする立場でこの物言いはNG。

これもOK

「井上さんと同じ部署の方に、代わっていただけますでしょうか」

Point

代わりの人に対応してもらった場合、最後に、「○○様にもよろしくお伝えください」と、ひと言添えるとよいでしょう。

不在の人に至急連絡を取りたいとき

**急ぎの用件なのですが、井上様と連絡の
とれる方法をご教示いただけないでしょうか**

NG「なんとかつないでいただけませんか」

自分の都合ばかりを押しつける言い方は、相手に失礼です。

これもOK

「13時までに連絡をいただきたいと、お伝えいただけませんでしょうか」

Point

急いでいるのに相手が不在だからと、電話口の人を責めるような物言いはNGです。

不在だった人に再度電話をするとき

**井上様がお戻りでしたら
お取り次ぎいただけますでしょうか**

NG「井上様、もう戻ってます？」

「もう戻ってます？」は敬語ではないため、不躾な言い方になります。

これもOK

「井上様はお戻りでしょうか」

Point

「お戻り」と言うことで2回目の電話であることを伝えます。

不在中の電話に折り返すとき

**先ほどは席を外しており、
大変失礼いたしました**

NG「お電話いただいていたみたいですが」

謝罪の言葉がないのでNG。

これもOK

「先ほどは外出しており、申し訳ございませんでした」

「電話に出られず、失礼いたしました」

Point

まずは、電話に出られなかったことをお詫びしましょう。

▶ 携帯電話（外出先）に電話するとき

携帯電話にまでお電話して申し訳ございません。今、お話できるご状況でしょうか

NG「携帯にお電話させてもらってすみません」

相手の許可を得ずに電話をしているため、「させてもらった」はNGです。

これもOK

「外出先にお電話してしまい申し訳ございません。お時間よろしいでしょうか」

Point

相手が今話せる状況か、確認をとるのがマナーです。

▶ 留守電になったとき

お世話になっております。ABC社の中田です。△△の件でお電話いたしました。後ほど改めてご連絡いたします

NG「あ……（伝言を残さず切る）」

留守番電話のアナウンスの途中に切るのはNGです。

これもOK

「……△△の件でお電話いたしました。恐れ入りますが、ご連絡ください。電話番号は△△-○○○○-××××です。よろしくお願いいたします」

Point

携帯電話は着信が残るため、留守電になったら必ず伝言を残します。

▶ 間違い電話をしたとき

大変失礼いたしました。電話番号を誤っておかけしてしまいました。失礼いたします

NG「あ、……（切る）」「間違えました！」

相手はいたずら電話や無言電話と感じます。

これもOK

「恐れ入ります、そちらは△△-○○○○-××××ではございませんか」

Point

かけ間違えたときは、必ず謝罪しましょう。かけた番号に自信があるときは、相手に番号の確認をします。

▶ 夜20時以降に電話をするとき

夜分遅くに申し訳ございません

NG「今ちょっといいですか？」

勤務時間外にかけるのに、配慮に欠ける物言いで失礼です。

これもOK

「夜分に恐れ入ります」

Point

休日や早朝に電話するときは、「お休み中のところ申し訳ございません」「朝早くから申し訳ございません」と、まずはお詫びします。

▶ アポイントを変更してもらうとき

大変申し訳ございません。6月10日のお約束を変更させていただけないでしょうか

NG「リスケをお願いします」

こちらの都合で変更をお願いするのに、謝罪の言葉がなく、礼にかけているためNG。

これもOK

「申し訳ございませんが、日時を改めさせていただけませんでしょうか」

Point

やむを得ない理由で変更することを伝え、ていねいにお詫びを。

お詫びをするとき

**お電話で恐縮ですが、
お詫びを申し上げたくお電話いたしました**

NG「すみません、謝罪でお電話しました」

「すみません」はカジュアルな言い方。お詫びにはふさわしい言い方ではありません。

これもOK

「この度はご迷惑をおかけして、誠に申し訳ございません」

「こちらの不手際で、大変失礼いたしました」

Point

電話でお詫びをするときは、いつも以上にていねいに、誠意をもって話します。

お礼をするとき

**△△をご紹介いただいた件、
お礼を申し上げたくお電話いたしました**

NG「△△の件、大変ありがたいと思っております」

「ありがたい」は、くだけた言葉で、敬語ではありません。

これもOK

「直接お礼を申し上げたいと思いまして、お電話いたしました」

「ご報告かたがたお礼を申し上げたく、お電話差し上げました」

Point

お礼の電話は、当日もしくは翌朝など、できるだけ早くします。

お断りするとき

**大変心苦しいのですが、
今回は遠慮させていただきます**

NG「ちょっと無理なんです……」

「無理」「できない」というストレートな言い方は、避けましょう。

これもOK

「せっかくのお話ですが、今回は辞退させていただきます」

「申し訳ございませんが、今回は見合わせることになりました」

Point

相手に不愉快にさせないよう、クッション言葉を使います。

遅刻を伝える

電車が事故で止まってしまい、20分ほど遅れて出社いたします。さらに遅れる場合は、再度連絡いたします。

NG「すみません！ 15分くらい遅れそうです」

「すみません」はカジュアルな言い方。自分に非がなくても、遅刻は周囲に迷惑をかけます。ていねいに伝えましょう。

これもOK

「電車の事故で、出社が10時以降になりそうです」

Point

遅刻の理由と出社予定時間を伝えましょう。電車に閉じ込められているときは、ひとまずメールで連絡してもOKです。

会社を休むとき

申し訳ございません。風邪をひいてしまったため、本日は休みをいただけないでしょうか

NG「風邪みたいなので、お休みします」

カジュアルな言い方はNG。「休みをいただく」と、謙譲語を使います。

これもOK

「申し訳ございませんが、体調が悪く休みをいただきます。
△△の件については加藤さんに引き継ぎをしております」

Point

会社を休むときは、メールではなく、上司に電話連絡が鉄則です。

英語の電話を受けたときのフレーズ

電話でよく使う英語のフレーズを紹介します。英語の電話も、
基本を覚えておけば安心です。外国の人からの電話がかかってきても、
慌てずに対応できるようにマスターしましょう。

英語の電話を受けたとき

相手「Hello, this is EEE, Mike Smith speaking.」
（EEE 社のマイク・スミスです）
Thank you for calling.This is ABC company.
How may I help you?（お世話になっております。
ABC社です。ご用件をお伺いできますか）

これもOK
「Hello, Mr. Smith.
How may I help you ?」
（スミスさん、ご用件を承ります）

Point
日本語の電話応対と同じように、
あいさつは大切にしましょう。

取り次ぎをお願いされたとき

相手「 May I talk to Mr. Ishii ?」
（石井さんをお願いします）
One moment, please. または
Just a moment, Please.
（少々お待ちください）

これもOK
「I'll put you through to
Mr Ishii.」
（石井におつなぎします）

Point
本人、もしくは英語が話せる人に
取り次ぐときに使います。

英語が話せる人に取り次ぐとき

I'll get someone who speaks English.
（英語ができる人に代わります）

これもOK
「I will get an English speaker.」
（英語を話す者と代わります）

Point
「One moment, Please.」に続
いて言います。「One moment,
Please.」だけよりていねいです。

聞き取れないとき

Could you please speak more slowly?
（もう少しゆっくりお話しいただけますか）

これもOK
「Could you say that again ?」
（もう一度お願いします）

Point
ゆっくり話してほしいと言うこと
で、相手に英語が苦手だということ
とが伝わります。

▶ 相手の名前を聞くとき

May I have your name, please?
（お名前をお伺いできますか？）

NG「What's your name ?」

これもOK

「Could you repeat your name?」
（もう一度お名前をお願いします）
※一度で聞きとれなかったとき

Point

「What's your name ?」はビジネスシーンにはふさわしくありません。

▶ 名指し人が不在のとき

I'm afraid he is out now.
（申し訳ございませんが、外出しております）

これもOK

「He is not at his desk at the moment.」
（席を外しています）

Point

「I'm afraid」は、日本語の「あいにく」や「恐れ入ります」にあたります。

▶ 1時間後に帰ってくるとき

He will be back in an hour.
（石井はあと1時間で戻ります）

これもOK

「He should be back by 3:00pm.」
（15時までには戻る予定です）

Point

1時間は「an hour」です。「an hour and a half（1時間半）」「half hour（30分）」「15 minutes（15分）」と時間の言い方を覚えておくと便利です。

▶ 名指し人が電話中のとき

He is on another line right now.
（他の電話に出ております）

これもOK

「He is unavailable right now.」
（ただいま、電話に出ることができません）

Point

「right now」は、「ただいま」という意味。省略してもOKですが、入れると、より状況が伝わります。

▶ 名指し人が帰宅しているとき

He has left the office for the day.
（石井は帰宅いたしました）

NG「He has left office for the day.」
（石井は本日退職いたしました）

これもOK

「He has already left for home today」
（本日は帰宅しました）

Point

「left office」は退職したという意味にもなるので要注意。必ず「the」を間に入れます。

かけ直してもらうとき

Could you please call him back later?
(後ほどかけ直していただけますか)

これもOK

「Could you call him again tomorrow ?」
(また明日おかけ直しいただけますか)

Point

「please」を入れなくても OK ですが、入れることで、よりていねいになります。

折り返しの電話を提案するとき

Should I have him call you back?
(折り返しの電話をさせましょうか)

これもOK

「I'll ask him to call you as soon as he gets back.」
(石井が戻りましたら、お電話を差し上げるように伝えます)

Point

「have」には人にさせるという意味があります。「Should」を「Shall」に変えても OK です。

電話番号を聞くとき

May I have your phone number?
(電話番号を教えていただけますか)

これもOK

「Could I please have your contact details ?」
(連絡先を教えていただけませんか)

Point

「contact details」は、電話番号とメールアドレスを含む連絡先という意味です。

伝言を預かることを提案するとき

May I take a message for him?
(石井に伝言はありますか)

NG Do you want to say something to Mr. Ishii ?
(石井に何か言いたいことはある?)

これもOK

「Would you like to leave a massage ?」
(伝言をお預かりしましょうか?)

Point

伝言を聞いたら、「I'll make sure he gets the message.」(伝言を必ず伝えます)と伝えましょう。

締めくくりのあいさつ

Thank you for calling. Good bye.
(お電話ありがとうございました。失礼します)

これもOK

「Good bye.」(失礼します)

Point

「Thank you for ～」は電話を受けた側の挨拶です。日本語の「失礼します」にあたる言葉が英語にはないため、「Good bye」だけでも OK です。